基于课堂深描的
大学生创新创业
教育效应与实践研究

罗匡 著

西南财经大学出版社

Southwestern University of Finance & Economics Press

中国·成都

图书在版编目(CIP)数据

基于课堂深描的大学生创新创业教育效应与实践研究/
罗匡著.--成都:西南财经大学出版社,2024.11.
ISBN 978-7-5504-6411-7

Ⅰ.G647.38

中国国家版本馆 CIP 数据核字第 20248JG950 号

基于课堂深描的大学生创新创业教育效应与实践研究

JIYU KETANG SHENMIAO DE DAXUESHENG CHUANGXIN CHUANGYE JIAOYU XIAOYING YU SHIJIAN YANJIU

罗匡　著

策划编辑:李晓嵩
责任编辑:李晓嵩
责任校对:王晓磊
封面设计:何东琳设计工作室
责任印制:朱曼丽

出版发行	西南财经大学出版社(四川省成都市光华村街55号)
网　　址	http://cbs.swufe.edu.cn
电子邮件	bookcj@ swufe.edu.cn
邮政编码	610074
电　　话	028-87353785
照　　排	四川胜翔数码印务设计有限公司
印　　刷	四川五洲彩印有限责任公司
成品尺寸	170 mm×240 mm
印　　张	13.25
字　　数	223 千字
版　　次	2024 年 11 月第 1 版
印　　次	2024 年 11 月第 1 次印刷
书　　号	ISBN 978-7-5504-6411-7
定　　价	98.00 元

序

本书是我多年来关于创新创业教学特别是课堂教学的思考和实践的浓缩与总结。

习近平总书记指出："创新是社会进步的灵魂，创业是推动经济社会发展、改善民生的重要途径。青年学生富有想象力和创造力，是创新创业的有生力量""希望广大青年学生把自己的人生追求同国家发展进步、人民伟大实践紧密结合起来，刻苦学习，脚踏实地，锐意进取，在创新创业中展示才华、服务社会"。积极开展大学生创新创业教育教学是高等院校义不容辞的责任。近年来，在以立德树人为根本使命，以教书育人、科学研究和社会服务为任务的高校课堂进行大学生创新创业教育成为高等院校教学研究和实践改革的重点。中国人民大学、北京航空航天大学和清华大学逐渐形成三种较为典型的创新创业教育模式。地方高校因办学条件、师生结构等方面的原因无法完全匹配这三种典型模式。作为一名普通的地方高校教师，我一直站在创新创业教学的讲台上，尝试在了解国内外创新创业教学学术和实践的基础上，将自己的教学观、实践观等形成文字撰写成书。

本书共七章。第 1 章是绪论；第 2 章是相关理论概述；第 3 章是创新创业课程教学机理研究；第 4 章是创新创业教学课前准备及案例选择；第 5 章是双创课堂教学过程深描与解释；第 6 章是创新创业教育教学的现状与特色、对策与建议；第 7 章是研究结论、创新点和研究展望。因为本书是教学学术研究专著，研究的逻辑起点是关于创新创业课堂深描的质性研究，所以本书增加了附录部分，即创新创业教师随堂深描笔记与心得，具有较强的可读性。

本书的撰写受益于许多方面。我所在的中南林业科技大学给予了我创作的空间，使我在教学课堂中有思考、沉淀和积累的空间，在闲暇之余有整理和归纳的空间。湖南省人力资源和社会保障厅、长沙市人力资源和社会保障局邀请我担任 SYB 创业培训的教学讲师，使我对我国的创新创业教育的现状有了更全面的了解，这对本书的写作产生了重要的影响。对此，我表示深深的感谢。我还要感谢的是支持我写作的领导与同事，如祝海波教授、邓集文教授、姚遥教授、孙欢副教授、王贡老师、陈洪华老师等，他们为本书提出了很多建设性的意见和建议。

此外，我要感谢西南财经大学出版社的李晓嵩主任和其他编辑老师，感谢他们对本书出版的指导与支持。

本书得到中南林业科技大学人文社会科学学术著作出版资助，在此深表感谢。

罗匡

2024 年 10 月 31 日

于湖南长沙

目录 *MULU*

1

绪论

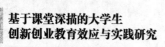

1.1 研究背景与意义

2014 年 9 月 10 日，在夏季达沃斯论坛上，李克强总理第一次提出"大众创业、万众创新"，强调要借改革创新的"东风"，在 960 万平方千米土地上掀起"大众创业""草根创业"的浪潮，形成"万众创新""人人创新"的新态势。中国经济需要转型，迫切需要以创新动能完成对传统老旧行业的转化，从而推进高质量发展。青年，特别是在校大学生，是推动我国社会经济发展、科技创新以及乡村振兴的主力军。因此，在以立德树人、教书育人、科学研究和社会服务为任务的高校课堂进行大学生创新创业教育成为一项高等院校教学研究和实践改革的重点。近年来，国务院办公厅印发的《关于深化高等学校创新创业教育改革的实施意见》、教育部办公厅印发的《关于做好深化创新创业教育改革示范高校阶段性总结工作的通知》，从不同的维度对创新创业教育课程体系的健全、建设专创融合示范课程、开展创新创业师资培训、改革教学教育方法、支持创新创业类的实训实践项目等方面提出了新的要求。2015 年，我国高校开始全面深化创新创业教育改革。2017 年，我国高校逐渐普及创新创业教育。2020年，我国高校不断健全创新创业教育体系。2021 年 10 月，国务院办公厅印发《关于进一步支持大学生创新创业的指导意见》，再一次提出深化高校创新创业教育改革，将创新教育贯穿人才培养的全过程，发展新型的人才培养模式。在大刀阔斧的教育改革后，创新创业教育教学取得了一定成效。国内高校在实力雄厚的院校引领下，逐渐形成以中国人民大学、北京航空航天大学和清华大学为代表的三种较为典型的创新创业教育模式。我们应清醒地认识到，地方应用型高校因办学条件、师生结构等方面的原因无法完全匹配这三种典型模式。由此，一些地方性大学，如温州大学，因地制宜，根据自身学校特色创立了新的双创教育模式。其以分类分层为导向，构建新的课程体系和教学模式。在高校不断创新和优化大学生创新创业教育教学的举措下，年轻人对创新创业教育有了较为深入的认识。青年创新创业必将引领时代。从高校走出来的青年逐渐成为创新创业的生力军，高校的创新创业教育在其中的影响可见一斑。当然，许多创新创业教育播种者也收获了创新创业教育教学改革成果。近年来，关于创新创业教育现状、改革与实践的论文和著作颇多，分别从国内外创新创业教育模式、创新创业教育现状与问题、教学改革路径与思考以及大学生创新创业教育某一方面的能力提升策略等做出了很多探索，具有参考借鉴作用，纷纷为我国创新创业教育理论探索做出贡献。但是，我们也需要清醒地认识到，创新创业教育的理念并未被普遍接受，大学生创新创业教育教学也呈现出许多问题。不少研究者指出，师生对创新创业教育满意度不高、创新创业课程建设以及师资建设不甚理想、创新创业教育缺乏科学的评价体系、创新创业教育变成少数人的专利品等。毕竟，创新创业教育是当下中国高校普遍面临的一项实践性难题，其难点在于如何调动师生充分参与。只有证明创新创业教育是关乎每个师生的切身利益，才能激发其内在的参与热情①。也就是说，创新创业教育教学出现的问题，其根源可能还是在于人。创新创业关乎每个人的人生意义与价值实现，具有个体性与社会性双重含义，并且以个体性为本，而人们往往偏重其社会性而忽略其个体性。关注师生的个体性，将创新创业教育真正融入高校教育教学的全过程，课堂教学一定不能忽视。对于高校而言，课堂仍是最重要的教育教学阵地；对于大学生而言，课堂仍是接收信息实现成长的重要场所；对于大学教师而言，课堂是他们安身立命，传道解惑的心灵之家。因此，在本书

---

① 王洪才，郑雅倩. 创新创业教育的哲学假设和实践意蕴［J］. 高校教育管理，2020，14（6）：34-40.

中，我们将从以人为中心的视角，重新梳理创新创业教育教学的相关理论，并沉浸式地深描创新创业教学课堂，呈现出当下主流的双创课堂中师生的困惑与反思，从而为我创新创业教育教学实践中发现的问题提出解题思路。

教育部印发的《高等学校课程思政建设指导纲要》中指出："高校课程思政要融入课堂教学建设……落实到课程目标设计、教学大纲修订、教材编审选用、教案课件编写各方面，贯穿于课堂授课、教学研讨、实验实训、作业论文各环节。"创新创业教育教学与课程思政有天然的一致性，其融合的核心就是以人为中心，看到人的力量，不将人的头脑看成被塞满的容器，而是看成亟待点燃的火把。以人为中心，不仅是以学生为中心，课堂教学中尊重学生是独特的个体，也将教师作为独特的个体。以往以人为中心的教育价值取向和实践研究多关注传统教育管理领域，创新创业教育则侧重教育理念、教学模式和方法的改革。因此，将研究重点集中于以人为中心的创新创业课堂教学深描研究并不多见或不太深入，特别是关注创新创业教学中教师与学生之间的以人为中心的点燃式互动和关系深描更是鲜见。创新教育的本质是激发人身上的创造性并把有价值的想法或思想转化成为具体的现实。创业教育的本质是将人培育成实现中华民族伟大复兴的中国梦的创业家，发展企业家精神和创新思维。如果将创新局限于传统的狭小领域——科学发明发现，将创业局限于过去的狭隘范围——独立创办企业，那么创新创业对于普罗大众而言真的就是天方夜谭①。本书的以人为中心的视角，不仅着力于研究和实践深描学生作为个体在双创教学过程中的潜力认知和潜能开发，也注重教师在困惑与反思中超越自我和实现自我，从课堂的案例深描中去挖掘激发师生创新创业内生动力的根源与

---

① 王洪才，郑雅倩. 创新创业教育的哲学假设和实践意蕴［J］. 高校教育管理，2020，14（6）：34-40.

方向。

深描就是研究者建立在自身的观察、访谈的基础上的描述，深描的过程中伴随着理论的解释，最终形成一个多元视角的案例。深描产生于人类学，逐渐成为人文社会科学的研究方法。英国思想家赖尔用深描的方式做过关于文化范畴的"眨眼"现象和文化意义。美国的人类学家格尔茨和罗曼邓金对深描进行了深入的研究和探讨，并将其分类，如微观式深描、宏观历史深描、传记式深描、情景式深描、关系式深描、交互式深描、介入式深描、不完全式深描、注解式深描、纯粹式深描、描述解释深描。王鉴认为，深描旨在以解释学为方法论，是在教育活动研究中寻求解释的科学。在教育活动中，深描的研究侧重情景式深描、传记式深描和微观式深描。情景式深描是呈现出学校或课堂教学活动的情景发展；传记式深描一般应用于对老师或学生进行描述与呈现，对其教育故事进行叙述；微观式深描是就一件具体微观的事件或微观的个体进行详细描述，洞察背后的真相和原因。创新创业教育教学的研究者可以尝试将深描的方法应用到大学生创新创业理论实践和课堂教学研究之中，构建以案例深描及深度访谈为基础的研究新方向。

综上所述，以人为中心的大学生创新创业教育理论与实践研究和课堂深描相结合具有一定学术价值和实践创新意义。当然，创新创业教育还承担着一项职能：对大学生关于"道"的指引。德国著名历史哲学家奥斯瓦尔德·斯宾格勒曾提出欧洲的两种文化模式：阿波罗式的文化观和浮士德式的文化观。阿波罗式的文化观认为，宇宙安排有超越人类力量的完善的秩序，人类所能做的就是接受并维持。浮士德式的文化观认为，生命在于创造，生命的意义就在于对人生阻碍的突破和改变的过程。这两种文化观显著体现在"躺平"和"内卷"的精神情感定向的差别上。2021年的"躺平"、2022年的"摆烂"成了人所共知的网络热词。在社会内卷快速发展的语境下，现代青年用网络用语释放压力对抗焦虑。这是一种令人觉得奇异的矛盾，一方面是社会内卷程度的加深，另一方面是年轻人带有玩笑性质的网络用语的出现，这些网络用语的广泛流行传递了当代青年面对现实的某些心态。正如马克思所言："人们的社会存在决定人们的意识。"近年来，我国经济从高速增长阶段转向为高质量发展阶段，这就意味着传统的产业体系和结构将加速转型和升级——创新驱动未来、质量决定品牌。在这种语境下，社会对大学生的创新素质和能力提出更高的要求：思维的转换、认知的升级、能力的提升以及境界的升华。这无形中给高校师生带来了压力，也让处于社会经济转型期间网络上的青年人在面对快速发展的节奏时选择心有余而力不足的"躺平"。高校的大学生是网络世界中的主力军，可以说他们是社会力量中最为积极和最有希望的力量，但也是在认知方面最容易被带偏的群体。因此，创新创业教育不应止步于"术"的传授，更关键的在于"道"的指引。很多教育者对创新创业教育的认知较为片面，认为创新创业主要是提高就业率，专注于对学生的就业能力的培养，其价值导向偏重趋利性而非育人性。因此，本书研究的目的是，重塑高校创新创业教育和课堂教学的育人理念，让创新创业教育教学在潜移默化中激发和培育大学生的创新的精神，引导大学生把奋斗作为青春最亮丽的底色，为国家培养真正的人才提供重要的支撑。因此，以人为中心是实现创新创业教育教学课程思政的内在核心，对改善教师和学生的品行具有重要实践意义。

1.2 研究内容

本书在国务院办公厅印发的《关于深化高等学校创新创业教育改革的实施意见》的指导下，着重挖掘国内外关于创新创业教育模式的特点以及梳理以人为中心的创新创业教育理论，从历史与现实、理论与实践、宏观与微观等视角，利用已有的理论资源和适用的深描研究方法观察了解高校创新创业教师如何培养学生的创新意识、精神和思维以及根植创业者精神的过程，提出大学生创新创业教育教学体系建设的对策建议。本书研究的内容包括理论、深描观察和反思建议几个部分，可以概括为以下几点：

1.2.1 相关理论概述

该部分包括对以人为本的哲学底蕴及在教育学领域发展的历史概述，大学生创新创业教育的相关理论以及国内外创新创业教育理念、模式和方法分析，关于深描研究方法及其运用于课堂研究的解释，并提出相关的思考与建议。

1.2.2 创新创业课程教学机理研究

该部分以上述理论为依据，分别从教育及高等教育目标与功能的变革，创新创业教育课程的目标、理念、教学的师资各个层次系统地进行理论分析研究，提出研究的主要观点，即创新创业教育的课堂是由具备综合素养的创新创业教育者引领的，注重师生参与的，激发创新创业梦想的场所。该部分研究用深描的方式还原课堂场景、深度访谈了解教学效应、产生相关教育教学对策与建议。

1.2.3 创新创业教学课前准备及案例选择

该部分主要阐述创新创业教育案例的逻辑基础，即理论、实训、玩耍、创造、实验、反思等的概念起源与应用。在此基础上，该部分结合创新创业课程教材的特色、课程思政元素以及创新创业教师团队的课堂教学经验，结合国内外创新创业教学经典实训案例，设计符合大学生的双创课程教学特色训练案例。该部分对每一个有显著教学效果的训练案例都进行详细说明，包括概念描述、学习目标、材料清单、学生准备、学生特点分析、练习过程、关键要点和教学提示以及附件资料等。每一个训练案例在实际的课堂教学中都进行了实验使用，笔者对此进行课堂深描并提出相关假设和建议。

1.2.4 双创课堂教学过程深描与解释

该部分采用深描、解释、文献分析等研究方法，在对理论进行梳理和思考的基础上，以某一高校创新创业教学团队的课堂教学场景为观察对象，深入观察双创教师和学生在创新创业课堂场域中的互动。

该部分包含主要以第一人称的案例或故事（创新思维火花、创新方法突破、创新管理途径、创业未来规划、创业认知梳理、创业价值突破）方式进行不同课堂主题的课堂深描呈现教师和学生在创新创业教育教学过程中备课环节的思考、课堂案例的体会、课堂精彩的对白、课堂之外的感受。笔者如实地观察创新创业教育者和学生在做些什么、说什么和思考什么，尝试对课堂上发生的质性的、直观的、微观的、描述性的片段做真实研究。笔者及时追踪教学活动中某些片段产生、变化的过程并用理论解释和文献分析的方法去理解其背后蕴含的意义。

该部分包含课堂深描之后对教师和学生的半开放式访谈。访谈内容主要涉及对教学过程及效果的真实体验和感想。同时，笔者对访谈内容进行系统科学的解释与分析。

1.2.5 创新创业教育教学对策与建议

该部分在创新创业课堂深描、课堂教学的课后访谈与分析的基础上，从高校管理者、教师等不同视角探讨如何将创新精神、创业意识以及创新创业能力培养融入大学生课堂教学当中，重点针对课程设计、教学方法、师生互动等环节提出较为详细具体的对策与建议。

1.3 研究方法

1.3.1 文献法

文献法是社科研究领域中常见的方法之一，也是最基础的收集资料的方法。在阅读、分析和整理大量相关材料之后，研究者能更为全面地理解、分析和解决问题。笔者查阅了很多资料，包括关于创新创业教育的文章和书籍，其中有大量的创新创业课程教材、创新创业教育改革报告以及创新创业相关学术论文。笔者广泛阅读拓展创新创业认知范畴的书籍，如创新思维与方法类、创业人物传记与访谈类、商业相关知识类、创意类等作品，为课堂教学设计等方面挖掘素材。笔者进一步补充了关于"以人为

中心"的相关书籍和历史材料，并深入分析深描、访谈类资料，以便更好
地掌握相关方法和技巧。

1.3.2 课堂深描

课堂深描是一种研究方法，也是一种教育策略，更是一种珍视个体自
我的创造力的教育哲学。在课堂深描的过程中，笔者努力促使每一个阅读
深描片段的人重新认识和发现课堂中可能被忽视的想象、变化和成长的价
值与意义。在本书中，课堂深描是生动而灵活的，其中夹杂着笔者的解释
与观点。笔者希望用这种方法与创新创业课堂教育者一起探讨如何开展高
质量的创新创业教学及学术研究。在之前的研究中，笔者一般习惯于以局
外人的身份去观察研究的课题，比如运用问卷调查或访谈等方法，使用较
为宏观的理论联系实际。但是，随着身份的转变，笔者作为创新创业师资
队伍中的一员，成为课堂教学中的一名参与者。笔者仿佛也成为这个研究
中的被研究者，笔者既是观察者又是参与者，这让笔者能更好地理解到每
一个人内心渴望被关注和重视，毕竟创新创业教育一般来说不存在学习困
难而是存在动力不足、认识不清的问题。深描的方式侧重在微观中看到个
体，从而以人为中心进行详尽的描述。

1.3.3 访谈法

相对于问卷调查法而言，访谈法能让研究者和访谈对象更深入地探讨
复杂的问题，研究者能敏锐地捕捉到访谈对象的某些瞬间的变化，掌握更
加个性化的信息。在本书的研究中，笔者主要采用的是非正式的一对一个
别访谈。所有的访谈都是非强制性的邀请，访谈有固定的结构问题，但在

访谈的后半段则是自由对话，目的是追寻受访人更深层的东西。因为人力的原因，所有的访谈都是由笔者完成的。在访谈中，笔者尽力保持中立，不带有任何偏见，并且保证所有的问题不带有暗示或诱导的成分。当然，也是因为人力的原因，某些访谈并不是个别访谈，而是基于教研室开展教学研究辅导中进行的团体访谈或建议收集。

1.4　小结

本书的写作建立在笔者所在教学研究团队的长期实践和研究的基础之上。一方面，我们作为教学者，在对学习者进行学情分析和理解后，尝试运用教学改革和课堂实训引导学生逐渐开展探究式的、主动性的、本体性的创新创业学习活动；另一方面，我们尝试用深描、解释、访谈等方法对创新创业教学的课堂进行观察、记录、解释和分析，与创新创业教育教学工作者一起来梳理如何才能将创新创业课上得更具实践意义和应用价值，从而促进学生全面发展。

本书既是活泼生动的，又是力求严肃严谨的；既有宏观的双创教育知识体系和教学模式分析，又有微观的课堂片段深描。笔者希望每一位读者都能在书中找到适合自己的价值与意义。

2

相关理论概述

2.1　以人为中心的内涵与辨析

以人为本是历史唯物主义的一项基本原则。早在我国古代就有以人为本的社会价值观念，如"天地之间，莫贵于人""夫霸王之所始也，以人为本"。近代西方国家的人本主义主张张扬人性。将以人为本赋予科学内涵是在马克思主义诞生之后。马克思主义将人的自然属性和社会属性辩证统一，把人放在第一位。高等教育是关于人的教育，自然是要将人的教育放在第一位。人本主义教育心理学家代表马斯洛、罗杰斯等提出以人为中心的人本主义教育思想，他们认为教育的目的是让人得以自我实现，将人的内部潜能激发，帮助人过上绚丽多彩的生活，成为真正自由的人。在这一基础上，罗杰斯提出"以学生为中心"的教育理论，并将其运用于本科教育层面。该理论改变了传统课堂教学中以教师为中心的理念，教学要以学生为本，教师则作为一种灵活的资源为学生服务，教学的关键是师生的关系和某些态度与品质。

在我国的教育学领域中，许多研究者在以人为中心的教育研究中取得很大进展。陈乃林、何祖建、杨德广等学者从不同的视角对人本教育观进行解读。在高等教育领域，以人为中心的研究集中于课堂教学和教育管理领域。众多教育研究与实践者都提出大学的教学以满足学生需要、促进学生发展为目标，提高大学的人才培养质量；师生在人格平等的基础上，理解、坦诚、接受，形成和谐的对话合作关系，等等。

我们要辩证地看待"以人为中心"与"以学生为中心"之间的差别。"以学生为中心"的初衷很好，但在现实的课堂上，如果教师将大部分的关注点都集中在学生的满意度上，是否真的能提升教学的质量呢？英国的《泰晤士高等教育》刊发了新加坡国立大学心理学系妮娜·鲍威尔等人的文章《"以学生为中心教育"是一种不友善哲学》。这篇文章几乎颠覆了这么多年来的黄金标准。妮娜·鲍威尔肯定了"以学生为中心"的初衷，但她也指出将学习的责任交到学生手中后，教师基于学生的兴趣能力来调整教学内容、教学设计、教学方式甚至是教学评估，学生从被动的知识学习者转变为主动的知识发现者，在学习的过程中学生之间、学生和教师之间形成合作伙伴关系，营造较为包容的学习环境。这样的高等教育理念是理想的。然而在高等教育日益大众化乃至市场化的今天，这一理念经常被不当应用，不仅影响教育质量，也伤害学生的自身利益和教育的社会价值。因为随着教学的焦点转移到学生身上，有些学校和教师将学生的满意度视为教育成果的重要指标，教师的主体地位下滑，很多时候教师成为配合学生的参与者，甚至不太对学生提出批判性的意见和改进必要的指导，这一现象与提出"以学生为中心"的初衷可谓背道相驰。在这种"蜜糖式"的课堂，学生很难遇到真正的挑战和严肃的要求，这也让学生的自我感觉非常良好。在这种状态下，学生一旦进入社会则会产生强烈的不适应，就像妮娜·鲍威尔等认为的一样，在劳动力市场上，新员工不愿从事入门的工作，将一切负面反馈看成对自己的侮辱，希望能够晋升但又不愿意勤奋工作等现象越来越常见……甚至有些大学毕业生在这种巨大的落差下产生若干身心问题。这并非危言耸听，笔者在与一些老师及企业工作人员访谈的过程中，就听到过类似的案例。

A 同学为某所地方性高校的本科毕业生。在临近毕业的三个月内，她一直呆在家中不愿出门。负责她毕业指导的老师与她沟通，她对老师敞开心扉："老师，我不知道应该去哪里找工作。我每天都躺在床上幻想着我找到了一份非常体面的工作，住在高端的小区里，四周都是掌声和鲜花……可是我睁开眼睛看到的永远是家里冷冰冰的墙壁和唉声叹气的父母……我辛苦读书那么多年，考上一所大家看上去还不错的大学，可是我就是找不到工作。"A 同学的指导老师也很焦虑，学生这种颓废让老师有无力感，因为老师确实无法帮助躺在床上的学生找到工作，哪怕介绍一份工作，前提都是需要应聘者主动上前。当然，学生的就业率影响专业教师的工作考评。这位无奈的指导老师认为，创新创业课应该开在大四毕业班，给学生一个方向。指导老师发出由衷的感慨："哪怕创业型就业也可以啊！不过，就算开了创新创业课，只怕她也不会去上课。她之前找过两次工作，但碰壁了几次就心灰意冷了，现在直接躲在家中不肯出来。"

B 同学也是这所高校的本科毕业生，相对于 A 同学而言，B 同学则积极主动很多。在毕业的前一个月，她收到了与自己专业非常匹配的某公司的录用通知。但是，B 同学不愿意就职。指导老师有些诧异，毕竟这个公司在行业内小有名气，而且在省会城市，给出的工资虽然不高，但提供住宿。指导老师问其原因，B 同学也说出了真心话，那个公司给出的工资太低，没有达到她的预期。指导老师试探性地告诉 B 同学："我当年博士毕业进入高校，拿到手的工资不到 1 000 元。"B 同学听了之后随即回答："老师，你是想要我降低要求吗？"指导老师怔住了，然后沉默。最后，B 同学仍然没有去那个公司上班。B 同学选择了与自己专业毫不相关的金融类职业，但遗憾的是，她很快被淘汰了。指导老师说："我很愿意告诉她不要去哪个金融机构，因为她根本不适合。她不应该着急，先在专业内好好干，说不定很快就可以得到晋升。但是我不敢说真话，因为真话得罪人。"

C 同学是某"211 工程"院校的应届本科毕业生，所学专业为艺术专业，通过熟人介绍认识了某金融行业的工作人员，希望能进入金融行业工作。该工作人员委婉地告知其已经错过"秋招"时机，毕竟大部分银行都在秋季招生。C 同学听了以后埋怨道："我们学校不知道怎么搞的，我们大四上学期还增加了几门课程，那些上课的老师每堂课都要点名，我都没有时间参加校招会，错过了好多机会。别的大学都是鼓励学生马上找工作，我们学校就是留着我们搞学习！"C同学的抱怨并非个例，同时也让那位金融行业的工作人员产生恻隐之心。于是，该工作人员热心地充当了C同学的就业指导教师，他利用空余时间帮C同学查找企业的招聘信息并将信息发给C同学，他原以为C同学看到信息后会马上行动起来，结果C同学除客套地说了几句谢谢之外就再无音讯。后来才知道，C同学只青睐金融行业，对其他行业没有半点兴趣和想法。该工作人员感叹："C同学的专业其实很难进入金融行业，她显然对自己的认知不太清晰。这些她似乎并不了解并且也毫不在意。大学究竟教会这些学生什么呢？"

从这些指导老师和企业工作人员提供的案例中，我们看到了高校人才培养环节难以避免的问题。当然，案例中的学生远不能代表所有的高校学子，但他们肯定是大学生某一类群体的缩影。产生这种案例的原因很多，其中部分原因可能在于大学还没有真正教会学生如何进行有效的自我激励、正视失败、扬长补短、树立创新型成长思维和通过辛勤付出得到长期回报的精神。

结合在第三届世界高等教育大会上发布的《面向2030的高等教育新愿景》——这是由全球大学创新网络和联合国教科文组织等合作编写的世界高等教育报告——我们可以更好地了解全球高等教育发展的趋势。受新冠病毒感染疫情的影响，前几年许多高校采用了在线教学的模式，这无形中推进高等教育向数字化发展的进程，但高校教育还是应该将人放在第一位，做到为使用者赋能。例如，复旦大学楼红卫教授组织不同学科的十几名教授开设的创新类课程"似是而非"就是一次有趣的改革。在这个课堂上，不同学科的教师从各自专业领域出发开展案例教学，目的重在通识教育。该课程重视学生的反馈，但并不以此为标准。比如在102份课程反馈中有10名学生建议增加课程的难度，但授课教师并没有采纳这种意见，因为教师出于对专业领域的经验判断，认为这只是"幸存者偏差"。但是，对一些退课学生的意见，如"不能深入，对批判思维的帮助不大"，授课教师则会做进一步的反思和课程调整，并侧重课程论文的考核改革，期待帮助学生写出合格的课程论文。复旦大学的创新课程是我们创新创业课程教学努力的方向之一。在创新创业教育中，特别是教学课堂上，我们要避免将以人为中心的理念进行错误的理解和运用。我们要重视学生作为个体的潜能和价值，更珍视拥有专业领域知识和教学经验的教师，凸显创新创业教育教学的课程思政属性，谨慎地处理高校课堂上某些工具化和商业化的趋势，从以人为中心的终身学习视角下培养大学生双创素养和技能。

2.2　创新创业教育的内涵以及双创教育教学的重要性

我国高校开展创新创业教育已 20 余年，创新创业教育已成为学术概念 20 余年[①]。《教育部关于大力推进高等学校创新创业教育和大学生自主创业工作的意见》（教办〔2010〕3 号）有关创新创业教育的表述为创新创业教育是适应经济社会和国家发展战略需要而产生的一种教学理念与模式[②]。1917 年，"创造教育"概念被提出[③]。2010 年，教育部正式使用"创新创业教育"的概念。创新创业教育经历了四个阶段的概念发展，在与日俱增的重视和文献研究后，创新创业教育定义为对创新教育和创业教育的超越与整合，它以创新能力培养为基础，融入创业教育，并以创新与

---

① 朱家德. 创新创业教育概念发展与内涵探讨［J］. 赣南师范大学报，2024，45（1）：94-100.
② 教育部. 教育部关于大力推进高等学校创新创业教育和大学生自主创业工作的意见［EB/OL］.（2022－04－05）［2024－08－20］. http://www.moe.gov.cn/srcsite/A08/s5672/201005/t20100513_120174. html.
③ 王伦信. 创造教育理论研究回溯：以民国时期为例［J］. 南京师大学报（社会科学版），2007（4）：91-96.

创业行为为教育的目标导向,培养大学生创新创业意识、思维方式和创新能力的一种新教育理念①。国外对创新创业教育概念发展的推动基于解决大学生就业问题,而我国除缓解高校毕业生的就业压力外,还期望通过创新创业教学实践进行课程思政以此提升大学生的精神文明层次,培养创新型人才支撑我国创新型国家建设。因此,高校开展创新创业教育实践尤为重要和关键,其课堂教学成为双创教育的重要载体。无论是高端人才的培养,还是课程思政的推进,抑或是教学学术的发展,都需要对创新创业课堂教学进行深刻的研究与改革实践。

2.2.1 高端人才能力培养需要创新创业教育教学

2015 年,国务院办公厅发布《关于深化高等学校创新创业教育改革的实施意见》,对我国高等学校创新创业教育改革提出新的要求。2022 年,党的二十大报告将教育、科技、人才进行统筹安排,明确提出开创新时代教育工作的具体方向和规划路径。2023 年,全国教育工作会议提出全面提高人才自主培养质量,进一步加强高校分类管理的顶层设计,并加快探索高校分类评价的改革。

2017 年,习近平总书记在给第三届中国"互联网+"大学生创新创业大赛"青年红色筑梦之旅"的大学生的回信中叮嘱大学生:"扎根于中国大地了解国情民情,在创新创业中增长智慧才干,在艰苦奋斗中锤炼意志品质,在亿万人民为实现中国梦而进行的伟大奋斗中实现人生价值,用青春书写无愧于时代、无愧于历史的华彩篇章。"高校的创新创业教育被赋予了新的使命。习近平总书记深刻指出:"以创造之教育培养创造之人才,以创造之人才造就创造之国家。"

---

① 石丽. 高校创新创业教育:内涵、困境与路径优化 [J]. 黑龙江高教研究,2021 (2):100-104.

　　国务院逐步推动创新创业高质量发展，使创新创业带动就业升级。高校需要进一步强化大学生创新创业教育培训，把创新创业教育和实践课程纳入高校必修课体系，从而全面推动大学生发展。从 2021 年开始，创新创业教育和实践纳入普通高校教育教学审核评估指标体系，创新创业教育贯穿人才培养全过程。《国务院办公厅关于进一步支持大学生创新创业的指导意见》提出，提升教师创新创业教育教学能力，加强大学生创新创业培训。教育部高等教育司 2023 年的工作要点再一次提出，深化高校创新创业教育改革，增强学生"敢闯会创"素质能力。

　　在这些重要的政策背景之下，创新创业教育教学成为双创教育改革的重要手段和渠道。各高校开展的课程教学成为一个为高校师生播下创新创业梦想种子的平台。创新创业教育教学可以组建一支支富有潜力的青年团队，可以打磨出最有温度的国情思政"金课"，可以为各学科的专业课输入创新创业的新鲜血液，从而更好地促进高校教育教学体系的改革。

　　简而言之，创新创业教育就是探索社会企业对高校大学生高端能力的要求，并大幅度优化培养高端能力的最优路径。

　　那么，高端能力的结构如何呢？高端能力是人类为社会组织创造价值的三类最重要的能力：学科知识能力、核心通用能力和组织职务能力。在现实生活中，当个体计划为社会组织创造价值时，其需要多维度的学科知识能力。例如，一个人如果创业，他不仅需要创业技能和专业知识，还需要了解管理、财务、销售等一系列知识。这都属于学科知识能力范畴。当然，个体在完成社会组织任务时，还需要核心通用能力，包括心理能量、思维能力、表达能力、人格魅力、执行力和领导力等。这些能力决定了个体在完成社会组织任务时相关的职位或岗位的定位。另外，组织职务能力包括行政职务能力、企业职务能力和科研职务能力。对于大学生而言，无论未来职业如何，他们都需要在某一个组织职务能力体系中获得基本的培训和成长。综合来看，大学生在大学四年里重要的学习任务就是掌握这些高端能力，从而满足社会组织部门的需求，实现就业。其中，能力超群者就能达到就业的高水平——创业。

在综合各行业龙头企业较为完备的人力筛选模型，大量的科研人员进行深度调研和实践，已经整理出较为详细的、对个体未来职业发展甚至是一生的发展都有着深远影响的18项核心能力指标（见图2-1）。

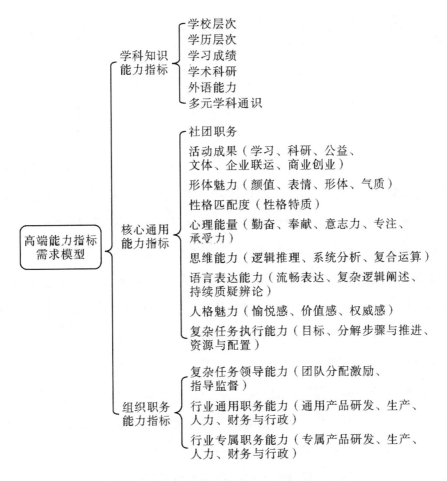

图2-1　个体未来职业发展的18项核心能力指标

在对高端能力进行较为详细和深入的分析后，我们的任务是探寻最大幅度优化大学生高端能力的教育教学最优路径和具体的教学实践观察。其中，包括创新创业教学理念的探索、教学对象的深入调研、教学内容与环节设计、教学过程的观察以及教学效果的评估，从而提出科学有效的最优教学路径。

2.2.2 课程思政需要创新创业教学研究

课程思政是以构建全员、全程、全课程育人格局的形式将各类课程与思想政治理论课同向同行，形成协同效应，把"立德树人"作为教育的根本任务的一种综合教育理念。

2014年12月28日，习近平总书记在第二十三次全国高等学校党的建设工作会议上提出："办好中国特色社会主义大学，要坚持立德树人，把培育和践行社会主义核心价值观融入教书育人的全过程。"2018年，习近平总书记在全国教育大会上强调："要努力构建德智体美劳全面培养的教育体系，形成更高水平的人才培养体系。要把立德树人融入思想道德教育、文化知识教育、社会实践教育各环节，贯穿基础教育、职业教育、高等教育各领域，学科体系、教学体系、教材体系、管理体系要围绕这个目标来设计，教师要围绕这个目标来教，学生要围绕这个目标来学。凡是不利于实现这个目标的做法都要坚决改过来。"2018年10月，《教育部关于加快建设高水平本科教育全面提高人才培养能力的意见》提出，本科生是高素质专门人才培养的最大群体，本科阶段是学生世界观、人生观、价值观形成的关键阶段，本科教育是提高高等教育质量的最重要基础。2019年9月29日，《教育部关于深化本科教育教学改革全面提高人才培养质量的意见》提出："把课程思政建设作为落实立德树人根本任务的关键环节，坚持知识传授与价值引领相统一、显性教育与隐性教育相统一，充分挖掘各类课程和教学方式中蕴含的思想政治教育资源。"2020 年，教育部印发《高等学校课程思政建设指导纲要》，明确了课程思政建设的总体目标和重点内容，对推进高校课程思政建设进行了整体设计并提出了推进课程思政建设工作落实的要求。作为一种教育理念的课程思政，其核心是尊重教育规律，创新教学手段，在教育教学中提炼文化基因，凸显现实意义，融入理想信念，培养正确"三观"，要坚持价值性和知识性相统一，寓价值观引导于知识传授之中；要坚持理论性和实践性相统一，教育引导学生立鸿鹄志，做奋斗者。由此可见，创新创业教育与课程思政天然贴近。在创新创业教育的改革与发展中，引入课程思政的教育理念，既是以新思路、新方法为课程优化提供可能，也是思想政治教育发展完善的逻辑必然。

其一，创新创业教育与课程思政在培养目标上具有一致性。创新创业教育是培养学生创新创业意识与综合素质，着重培养大学生敢为人先的创新精神、锲而不舍的奋斗精神、团结协作的合作精神，这些品质有助于思想政治教育育人功能的实现。课程思政作为一种方法和理念，将思想政治教育的内容有机融入课程教学，从根本上说，与创新创业教育在人才培养目标上具有一致性。

其二，创新创业教育与课程思政在教育方法上具有互补性。课程思政将思想政治理论中所蕴含的思想政治教育内容，有机融入创新创业教育课程中，从而构建思想政治理论课、综合素养课程、专业课程三位一体的高校思想政治理论教育课程体系，促进显性教育和隐性教育相互交融。

其三，创新创业教育与课程思政在教学实施中具有融合性。思想政治教育和创新创业教育的教学原理互通，从内而外，是为培养未来社会主义高素质接班人。在课程思政理念引导下的高校创新创业教育，要求采取多元而开放的教学方式，将知识与实践有效融合，培养具有高尚情操与拼搏精神的创新创业人才。不断探索教学内容和方法的改革是创新创业教师不断为之奋斗的事业。我们需要不断用科学的思想武装头脑，以学习推陈出新，寻求自我突破，致力于立德树人。

2.2.3 教学学术需要创新创业教学研究

作为一种新的教育理念，"教学学术"这一概念在 1990 年首次被卡内基教学促进基金会主席博耶提出。他在《学术反思：教授工作的重点》中提出："学术不仅意味着探究、整合和应用知识，也意味着传播知识，我们把传播知识的学术称之为教学的学术。"[1] 教学学术理论研究在数年间获得很大发展，无论是对其内涵理论的研究、评价标准的确立，还是课程教学学术实践探索的成功，都对高等教育教学改革事业的发展产生重大影响。教学学术的内涵主要包括对学习和实践的反思与探究、加强教学和学习的策略、课程开发、促进研究性教学等。同时教学学术也与教师的专业发展、职业规划等内容相关[2]。从对高级人才的培养方向及对高等教育的教育教学改革目标来看，创新创业教学课堂是作为践行教学学术理念的绝佳场域。

大学教学学术是基于大学视角实现教学和科研的契合[3]。要达到这种相互促进的契合，需要教学的课程内容是教师引导学生进行一些探究性的项目。其中，教师和学生是平等的，整体的教学方式以学生互相讨论或合作展开，师生之间交流和互动较为频繁。也就是说，教学学术旨在提高教师教学的学术水平，从而激发学生对学习的热情和好奇心。

---

[1] 左崇良. 基于教学学术的高校在线教学创新. 现代教育科学. 2023（4）：105-110
[2] 朱鹏举，张红晶，赵玉秀. 基于平衡轮理论的大学教学学术课堂实现：一个动态循环模型的诠释[J]. 河北大学成人教育学院学报，2023，25（3）：96-103.
[3] 朱炎军. 大学教师的教学学术理论逻辑与制度路径[M]. 上海：上海大学出版社，2017：133.

　　针对不同专业的大一新生开设的双创课程，主要目的在于培养大学生创造性思维。这样的课堂教学需要一系列系统性的方法和举措。第一，设计挑战性项目。教师为不同专业的大一新生设计具有挑战性的跨学科项目，鼓励他们跨界思考、融合知识。例如，教师可以组织跨专业的团队，在实践中解决现实问题，如设计可持续的城市社区或利用科技解决社会问题。第二，提供多元化的学习资源。教师为学生提供跨学科的学习资源，包括书籍、演讲、工作坊等，帮助学生从不同领域获取灵感和知识，并促进创造性思维的交叉融合。第三，启发性教学法。教师采用能够激发学生创造性思维的教学法，如案例讨论、问题驱动式学习、角色扮演等，让学生在解决问题、研究现象的过程中培养创造力。第四，实践性体验。教师鼓励学生参与实践项目、实验等，通过亲身体验来激发他们的创造潜能。例如，针对工程专业的学生，教师可以设计工程实践项目，促使学生在实际操作中锻炼创造性思维。第五，鼓励思维多样性。教师应该鼓励并尊重学生的不同思维方式，促使学生敢于提出不同的观点和想法，不断拓展思维边界。第六，跨学科合作。教师鼓励不同专业的学生进行跨学科的合作，让学生学会倾听和融合不同领域的见解，从而培养跨界思维和创造性解决问题的能力。第七，反思与评估。在课程结束时，教师通过让学生反思学生的课程学习和项目经历，评估学生的创造性思维能力是否得到了提升，并根据评估结果进行相应的调整与改进。总之，培养大学生的创造性思维，需要教师和学校从全面的视角出发，设计多样化的课程，激发学生的好奇心与探索欲望，为学生提供实践机会，并给予学生适当的引导和反馈。

　　根据上述分析，将创新创业课堂作为研究的场域，是基于大学教学学术理念进行的教学学术研究范式。创新创业教师既是教学改革的实践者，又是教学学术的执行者。他们运用课堂深描构建教与研、学与师的双主

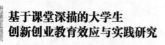
体，从课程设计、教学方式、教学评价等方面做出具体的实践路径和研究范式。因此，教学学术的发展必然导致创新创业教育者开展研究性教学工作。

2.3　国内外创新创业教育教学研究的现状和趋势

随着威廉·巴特勒·叶芝（William Butler Yeats）提出"教育不是灌满一桶水，而是点燃一把火"的观点，将创新理念融入创业教学已成为世界性的教育理念，其"点燃"的内容、方法等不断迭代。

近年来，我国创新创业教学事业发展迅猛，截至 2022 年年底，我国 1 840 多所高校配备了 1.1 万多名师资进行创新创业系列课程教学。双创教育研究方向是在课堂教学迭代过程中形成本土化的创新创业教学体系，这为本书的研究赋予了意义。

2.3.1　创新创业教学理念的发展与趋势

创业教育于 1989 年由联合国教科文组织召开的教育研讨会上被提出，它被柯林博尔称为未来人类的第三部教育护照，核心是培养学生创业基本素质、能力以及心理品质。在国外，研究者介绍了较为典型的创新创业教育教学发展模式，如美国百森商学院蒂蒙斯创业模型及以游戏为核心的创新创业实践环节的特色课程，斯坦福大学的专注产学研一体化模式和麻省理工学院的构建良好创业生态系统。可以说，美国的创新创业教育已经形成较为完善和系统的体系，强调教师的主要任务是发挥学生的主体性、组织课堂和引导学生提出启发性问题。追溯创新创业教育教学重点的研究使创新创业教育走向了学科范式。20 世纪 50 年代，美国研究者认为，创新创业教学重点在于"特质"的培育。蒂蒙斯（1980）提出，双创教学是 PSED 创新创业项目过程，学生以完成商业计划书获得行为能力提升。2019 年，学者杜桑尼特斯克（Dushnitsky）和马图夏克（Matusik）研究认为，创新创业教学目标与内容的侧重点发生了显著变化，更加注重科学思维的发展。2020 年，研究者卡莫夫（Camuffo）采用随机对照的田野实验方法，探讨锻造科学思维的课堂教学对受教育者的行为绩效是否有显著影响。根据研究结果，他发现有显著影响。随着相关研究的深入，创新创业教学指导箴言从"计划+坚持"转变为"快速迭代直至成功"。美国百森商学院、斯坦福大学等都是在数据和事实的驱动下，将双创课堂从"热闹""启发""体验"迭代为"科学""验证""智慧"的情景，培养高潜质的创新创业者。由此可见，国外的研究和实践紧跟时代步伐，具备较强的原创性和实证性。

2.3.2 我国大学生创新创业教育课堂教学研究

近几十年来，双创教育的理念与方法逐渐被我国接受、消化并得以发展。基于创新型国家战略发展、时代精神和经济高质量发展的需要，创新创业教育被赋予极高的期待。大学生创新创业教育融合教育学、创造学的基础理论，秉承课程思政立德树人的教育理念，是着重培养大学生创新精神和创业能力的综合性教育教学，具备先进性、实践性、灵活性以及系统性的特点，重点是培育创新创业精神，促进大学生个性的自由发展。正因为如此，创新创业教育的相关研究理论也在不断涌现。从宏观的角度出发，研究者在若干文献中探究创新创业教育过程中存在的"痛点"，如创新创业教育环境有待改善、教育模式和课程体系需要完善、双创师资队伍结构有待调整、创新创业的意识亟待激发和氛围亟待优化，并就此提出相关改善建议。我国的创新创业教育的发展独具特点。以中国人民大学、北京航空航天大学和清华大学为代表的三种创新创业教育模式较为典型。陈烈等学者介绍了这三种模式：第一种是以中国人民大学为代表的模式。其提倡将第一课堂和第二课堂结合起来开展双创教育，强调双创教育的意识培养和知识构建，以提升学生的综合能力。第二种是以北京航空航天大学和浙江大学为代表的模式。其提倡学生双创知识和技能的培养与实践，在基础教学之上，进行商业化运作，通过校园结合创业园或孵化机构的方式指导学生。第三种是以清华大学、上海交通大学为代表的模式。其在专注培养学生的创新精神和创业能力的同时，为学生提供创业所需资金和必要的技术咨询服务，彰显系统、科学的特色。许多研究者对国内外双创教育的发展进行了比较并提出发展启示。从学科发展的视角出发，有学者关注创新创业教育与一般教育的融合、创新创业教育模式或教育体系的构建、创新创业教育与产学研一体化的研究、创新创业教育学科化的研究等。我们也注意到，某些学者专注于创新创业教育教学微观视角研究，将研究的目光集中在课程的教学整体设计的思考、某一个教学环节的观察、教学效果的反馈与评估等方面的实证研究或质性研究。这为本书提供了很好的研究思路。

我国研究者从课堂教学"做什么""怎么做""如何做好"这三个角度对创新创业课堂教学进行研究。一是研究者认为应将创新创业教育融入各类专业课堂教学[①]、实践教学、第二课堂[②]之中，贯穿于人才培养全过

---

① 张晓梅. 高等院校数学课堂教学与创新创业教育的融合协同 [J]. 现代职业教育，2022（9）：32-37.

② 张明瑞. 创新创业教育背景下高校第二课堂育人理念探究与路径创新 [J]. 高教学刊，2022（8）：30-33.

程①，逐渐形成创新创业教育生态体系。二是研究者尝试运用各种国内外教学模式与方法，加入经典课堂游戏和项目活动，借助于现代化信息手段，引导学生超越理解、指导和谈论，来进行持续的应用与实践②。三是研究者聚焦学生对双创素养的自身体会和自我感知、创新创业项目数、注册公司数等，对评价创新创业教学实效进行研究。由此可见，我国对双创教育研究从理念价值、体系构建向具体的课程建设和课堂教学迁移，研究方法在交叉学科领域不断拓展，走向量化和质化的深度研究③。

2.3.3 创新创业课堂教学效果的影响因素

教师、学生和教学条件是双创课堂教学效果的根本性影响因素④。许健松等（2017）认为，教学内容、教学方式以及教学手段的改进是提高课堂教学效果和效率的关键因素。杨辉等（2021）在实证研究基础上指出，教师激发学生热情和参与的能力、教学手段、课程与专业结合、教师教学经验以及考核方式是影响课堂教学满意度评价的因素，而学生的创业态度和自我效能感也会影响到教学效果。此外，双创课程的设置比例、教师的教育科研能力和学生的创新成果数量也影响双创教学质量的评价（常瑜，2017）。袁玉萍（2017）针对某专业的双创教育建立综合评价模型，将教学态度、教风师德以及学生素质列为评价指标。

---

① 庞凌霄. 创新创业教育与思想政治教育的课堂融合研究［J］. 长春大学学报，2019（12）：103-105.
② 海迪·M. 内克，坎迪达·G. 布拉什，帕特里夏·G. 格林. 如何教创业：基于实践的百森教学法［M］. 薛红志，等，译. 北京：机械工业出版社，2017：35.
③ 何华新. 回溯与前瞻：我国创新创业教育研究［J］. 江苏经贸职业技术学院学报，2020（1）：68-72.
④ 陈小波. 地方本科高校大学生创业基础课程实践教学效果提升路径研究［J］. 教育观察，2020，9（9）：52-54.

2.3.4　创新创业课堂教学优化路径研究

杨斌（2019）认为，"创"的本质是人在情景中的行动。别敦容（2022）指出，课堂教学的优化任务在于新的教学场域、教与学的范式、师生关系和教学情景。张泉（2019）认为，以思维、方法和心智模式塑造协同促进作为实现路径，从目标、内容、手段、管理四个方面对课堂教学进行优化设计。叶恬如（2021）认为，可以从教学模式和教学评价上进一步优化设计，培养大学生双创精神、意识和能力。谭毅（2022）通过问卷调查对双创课程进行要素评价，提出在课程内容配置、教学设计优化、考核方式和课程学习的前置能力上进行完善。

2.4　深描的内涵及在课堂教学中的运用

深描逐渐成为人文社会科学的研究方法。课堂深描是一种研究方法，也是珍视个体自我的创造力的教育哲学[①]。深描擅长从微观视角出发，细致观察并描述个体所在的情景和细节反应，厘清行为背后的意义并深化理论[②]。将深描运用于课堂，可以是微观式、情景式和交互式深描，其真实、深入和近经验性的特点促使研究者完成创造性、理解性和生成性的解释[③]。解释根据程度、立场和方式分为浅解和深解、局内人解释和局外人解释、分析式解释和描述式解释。人们通过解释重新认识创新创业课堂中被忽视

[①] 王鉴.深描是一种什么样的方法？兼论深描在教育研究中的应用［J］.山西大学学报（哲学社会科学版），2022，45（2）：123-130.
[②] 王丽娜，杨立新.文化·深描·传播［J］.新闻传播，2017（21）：83-84.
[③] 王鉴，刘祎莹.试论课堂研究中的深描与解释方法［J］.南京师大学报（社会科学版），2019（6）：25-33.

的想象、变化和成长的意义片段。

深描是研究者建立在自身的观察、访谈的基础上的描述，深描的过程中伴随着理论的解释，最终形成一个多元视角的案例。一直耕耘于课堂教学研究的王鉴教授在《山西大学学报》（2022年第2期）的一篇文章中谈到了深描在教育活动研究中的运用。笔者深深地被其吸引。在本书中，笔者混合使用了深描、叙事等方法，尝试将笔者近几年的教学活动写下来。

笔者参加过一次创新创业师资培训，培训请来了许多领域中的知名专家。有一名专家的自我介绍让笔者印象深刻。她用自己的创业经历告诉了我们什么是被动创业。该专家曾经是某地高考状元，在北京某所985工程高校攻读热门专业并在毕业时找到了一份驻欧洲某国家中国大使馆的工作。"这份工作给我带来了骄傲和满足，我就这样干了差不多20年，直到突然有一天我接到通知，我所属的机构完成了它的历史使命，我被解雇了，当年我四十几岁。"专家说到这里扶了扶眼镜："这个年纪，退休又太早，重新就业又太尴尬。你们看某些电视台里的主持人，好像出名之后就跳槽了，是他们真的想离开吗？不一定，可能是因为他们不能再呆在那个岗位上了，他们必须要把岗位让给更年轻的主持人。这就是现实，比较残酷，但我们无法改变。我们不妨就把它称为'灰犀牛'事件。作为一个创新创业者，我们就要有抵御'灰犀牛'事件的能力。在创业之前，我经历了一段很长时间的适应期，现在回头看，我很感谢我一直以来的韧性和坚持。"专家的讲话很朴实真挚，她讲她的故事，让我们明白了很多道理。

这一段话属于深描。以前深描更多见于许多人文社会科学领域的创作中，后来作为一种研究方法广泛运用于社会学、民族学、文学、历史学、教育学等人文社会科学中。在我国汉语语境下，人文社会科学领域的创作中大量使用了深描。例如，艺术创作领域的中国绘画中的"泼墨"和"泼彩"，文学作品《红楼梦》中的大量深描，历史作品《史记》中司马迁所思所想所见所闻的历史描写……深描更多是作为创作方法被大家理解与接受。

在研究历史当中，提出深描作为人文社会科学研究的方法的是现代西方人文社会科学研究者。他们是英国思想家赖尔、美国人类学家格尔茨、美国方法论专家罗曼·邓金。英国思想家赖尔用深描的方法做过关于文化范畴的"眨眼"现象和文化意义的研究，阐明了深描用于文化研究的方法问题。美国人类学家格尔茨和方法论专家罗曼·邓金对深描进行了深入的研究和探讨，并指出深描的特点：真实性、深入性和经验性。他们将深描进行分类，如微观式深描、宏观历史深描、传记式深描、情景式深描、关系式深描、交互式深描、介入式深描、不完全式深描、注解式深描、纯粹式深描、描述解释深描①。

关于深描在教育研究中应用的理论还需要更多挖掘，毕竟对教学现象的深描研究方法的解读还存在一定的争议甚至误读的情况。但毋庸置疑的是，越来越多的教育研究家在走出书斋，尝试突破实证哲学或思辨哲学的二元局限，走进教学场域，通过观察、访谈、描述、解释等混合的方法去寻求教育教学中的意义。相较于教育实证主义方法论的中立、客观和理性的浅描，深描具备卷入、敞开等特点，它面向的是事实本身，指向的是教育中"人"的主体②。有研究认为，在教育研究中应该处理好深描的主观性和客观性问题以及深描在运用中与叙事关系的区别。对此，王鉴教授给出了解释：深描是研究者建立在自身的观察、访谈的基础上的描述，深描的过程中伴随着理论的解释，最终形成一个多元视角的案例，具备组合优势，成为教育专业化有力的支撑系统。深描举例如下：

在这个团队合作项目展示一段时间后，无论是指导老师还是团队学生

---

① NORMAN K D. Interpretive interaction ism [M]. New Delhi：Sage，1987：59.

② 王鉴. 深描是一种什么样的方法？兼论深描在教育研究中的应用 [J]. 山西大学学报（哲学社会科学版），2022，45（2）：123-130.

都有一些疲惫了。离下课还有十分钟，很多小组的代表都拿着画布（展示想象中毕业时的我）上讲台，在讲台上展示了毕业时拥有的素养、能力。基本上每一个人都期待自己成为一个有十八般武艺的创业者，然后风风火火开创事业。最后一组的代表上台时，大家的注意力都不太集中了，很多人都在台下交谈，商量下课之后应该去哪里吃饭。指导老师的眼神也有些飘忽不定了，不过她还是保持一贯的微笑鼓励每一个上台发言的人。代表是一个女生，个子矮矮的，声音很平和："大家都希望自己能成为未来成功的创业者或领导，我们组则期待成为那个领导身边的实干家。毕竟开创事业的路上，需要领导人，也需要默默做事情的人。"这一刻，教室里安静了一些，指导老师有些游离的眼神也重新聚焦。台上的那个女生面对这个变化有些吃惊，她的脸一下子红了，但很快她又镇定下来。相对于之前的代表的发言，她的话朴实自然却又坚定感人，引发了同龄人和指导老师的思考。

这是笔者在观摩某高校大一新生创新创业教育课堂教学中的片段，笔者用较为微观情景式的深描呈现出教学环节中某一个同学的发言及其他学生和老师的反应变化，由此铺垫出双创课堂里容易出现的问题及学生之间相互影响的成长的过程。这种深描呈现出了课堂的变化，而这种变化是基于一个女生上台的发言，让人不禁深思：在课堂上设置活动的环节除激发学生创新创业的热情外，还能否给予不同的指导方向，教师除点评外，还是否应该有意识地进行某些价值取向的指导。在课后，笔者访谈指导老师，对这堂课的活动环节的目标设计方面给出了一些局内人和局外人的解释。

局内人的解释（上台的女生）："我们组的成员都是一些比较内向的人，在这个分享环节我们小组迟迟不敢上台，为了不被扣分影响成绩，我只好硬着头皮最后一个上台。上台后，我才发现在很多人面前表达也不是那么困难的事情。我所表达的观点是我们小组讨论后一致的决定，我们都缺乏那种敢拼的热情，但我们都是那种一旦做事情就很认真去完成的人。老师也说过，创业不是狭义地开公司或赚大钱，创业更广义的含义就是创办属于自己的事业。因此，我们更偏重做实事。我自己也没想到我的发言会让大家有变化，本来大家都不太注意我的，但我说完之后居然有别的团队的人想找我们合作。我很高兴有这样一次分享，不仅突破自我，更是寻找伙伴的好途径。"

局内人的解释（指导教师）："作为这堂课的教师，对这个活动环节的设计与运用我已经到了轻车熟路的境界了，以至于我都只会惯性反思。我往往关注于学生画布的完成度以及代表上台分享时的状态。我偏重激励学生去突破自我，比如大胆畅想未来和未来的自己，勇敢上台去表达自己，台下的参与者是不是反应热烈……我期待热闹的课堂，但我模糊了这个环节设计的理念和目标是什么，包括学生分享之后我的反应和态度应该是什么，我有没有告诉他们某些分享中的问题所在……"

局外人的解释（观察者）："画布分享活动是一个较为受欢迎的教学环节，不仅学生喜欢，老师也很喜欢。在这个教学环节里，每一个人都可以找到自己的定位和兴趣——有的人喜欢描绘，有的人倾向于画画，而有的人则愿意走上讲台做分享，当然也会有唱反调的人。比如有一次课上，一个学生公然表达不喜欢这个环节，觉得很多都是不切实际的表达。当然，我们不必因为极少数人的否定就推翻其他人的肯定，但不得不承认，这种带有体验性和参与性的活动环节，更加考验指导老师的功底、专业、思辨等各方面的能力。如果一个老师不足以重视学生的每一次分享发言，不更好地指引学生在价值取向、辩证思维上进行提升，就有可能让学生沉溺于虚假的热闹而忽略真实的发展。另外，老师和学生之间的影响是相互的，某些时刻学生的反馈可以唤醒老师某些思想和情感。"

我们对课堂的一个教学片段，经过研究者的观察、深描和解释，最终形成了结论：任何一个活动环节的设计都不能只关注课堂是否热闹、学生是否配合，而是要关注其中人的思考与成长。总之，在本书中，深描和解释这两个概念不会泾渭分明，在若干个课堂教学和课外思考的案例中，深描是对片段的细致观察和详尽访谈，为有价值和意义的解释提供框架与资料的支撑，而解释则将赋予每一个片段式的深描思考和沉淀。深描的魅力之处正是在于把人物带到动态的课堂事件中，把互动的师生未掩饰的交互行为呈现出来，提供给研究者"土壤"，使其更好地对捕捉的课堂现象和现象背后的意义加以解释。因此，在课堂研究中，没有深描的解释是形式主义的，课堂研究也会变得过于"理论化"；没有解释的深描是浮于表层的，就像一幅色彩斑斓的画，没有创作者加以解释，欣赏的人不能完全理解和感同身受。解释是通过对意义的澄清，使读者最终达到对深描背后意义的体会和认知，没有解释也就达不到真正理解①。

2.5　创新创业课堂教学研究探索

本书的研究主要围绕湖南某大学针对大学一年级本科生开设的创新创业基础课程及相关培训进行课堂教学的设计思路分析、课堂教学深描与解释、课堂外的深度访谈。研究对象为参与课堂教学的学生、教研室多名双创教师。研究目标是探讨如何进行以人为中心的创新创业课堂教学，观察教师如何激发学生培养相关精神和价值观，解释在教学过程中某些片段的意义与价值，并在访谈的基础上深描师生所思所想，尝试探索创新创业教

---

① 王鉴，刘炜萱.试论课堂研究中的深描与解释方法［J］.南京师大学报（社会科学版），2019（6）：25-33.

学的新思路。在进行课堂教学思路设计之前，我们需要先了解学情。以下是一名双创教师的教学手记，是她对当代大学生较为感性的侧面描写：

我所在的高校虽然是一所地方性的农林院校，但是在学生培养方面却还是颇有名气的。作为在高校从教十几年的教师，我看到过的年轻面庞太多，其中不乏漂亮的帅哥美女。可是我最喜欢的，还是学生可爱的笑容、憨厚的动作，或者是校园偶遇时对老师轻声地问候。或许我不记得他们的名字，但那些美好的片段牢牢刻在脑海中，成为我的精神财富。

我所教授的课程主要集中在大学一年级。我们称之为给大一的孩子启蒙，或者播下创新梦想的种子。这一群被称为"Z 世代"的孩子有什么特点呢？

毋庸置疑，这些孩子越来越漂亮了。因为大部分孩子从衣着上有了相对统一、较为干净时尚的着装以及不同造型的发型，有的孩子还戴上了项链和手环，大家都变得更爱美了。当然，不同年代的人对美的感悟是不一样的，比如我实在不怎么欣赏金色或白色的头发，但学生当中还真有人顶着那些颜色在我的面前晃来晃去。

在互联网时代成长起来的孩子有很多特点。因为习惯了使用电脑和手机，所以在使用多媒体，特别网络教学，他们的适应度很高，也一度很配合，甚至把网络学习的刷分规则掌握得非常清楚。至于网络教学到底好不好，他们会说："老师您认为好那就'啊对对对'。""啊对对对"是一种网络语言，代表的是一种附和与顺应，其潜在用意则是用幽默的语境呈现妥协与让步的态度。在课堂上，如果让他们用投屏发表观点，他们就"金句满天飞"——大多的语言风格都呈现出网络模式，也就是喜欢模仿现在比较流行的网络用语。这种流行也会发生在教师身上。为了拉近教师与学生之间的关系，教师有时候也会运用一些网络流行词，表明自己也是不落伍的。虽然屏幕上很热闹，但真实的课堂上呢？一旦老师让学生起身发言，那就有一些"强人所难"。

"课堂怎么能不发言呢？我的课堂上就要求每一个学生必须要举手发言三次！"另一个老师在进行教学研讨时发表了自己的观点和做法。我很羡慕他上课的魄力，暗自决定以后的课堂上也要向这些年轻的孩子提出这个要求。

这些孩子还有可爱的特点，比如他们的直率、活跃，而且更为"精明"，对分数的执着达到了新的高度。总会有几个想要重修的孩子找我，重修的理由仅是对成绩不满意。有 89 分的孩子，他希望能上 90 分。还有 96 分的孩子，他觉得自己的分数还不是第一名。在课堂上，孩子们要是额外多做了一些任务和工作，他们就要半开玩笑半当真地问我："老师，可以加分吗？"在课后，也有学生想尽办法联系我，告诉我他小组里有不认真的组员，请我酌情给分，不能一视同仁。一方面，这是对自己权利的争取，我们不得批判；另一方面，我也看到了孩子小小的年纪就精明地较真，不是在真正学问上的较真，而是在关键分数上的较真。"唯分数"后面隐藏着资源竞争，因为成绩决定了他们日后的保研、就业、留学。说到这里，我还是有一些不安的，这种不安是一种教育者天然的自觉，说不清究竟为什么，可能是我还不太精明。

当然也有不一样的孩子，比如我遇到过一个孩子，在大学短短一年，已经尝试很多事情，加入学生会、社团、兴趣班等。上了我的课后，他又迷上了创业。他还是有一些想法和观察力的，却也在第一次创业实践中栽了跟头。不过，他倒是不放弃，一直在琢磨。我觉得他不一定做生意能成功，但他若保持这种激情，一定会创出自己的事业。

我在课上让孩子们总结他们这一代人的特点，他们也不藏拙，都会坦白他们可爱的消费观——会为了自己喜欢的东西秒变"剁手党"——也就是一遇到大促销打折，加上自己很喜欢，就愿意拿出自己大部分生活费去购买，然后接下来的日子省吃俭用。如果又遇到喜欢的东西必定不计后果地购买，周而复始总是没钱。看来他们有着"千金散尽还复来"的大气。他们听了我的评价，浅浅一笑，然后摸了摸手上的手机。

让孩子们对教育教学提出自己的意见，他们就呈现更可爱的特点了。他们一般会吐槽一些必须要打卡的工具，包括要晨跑和看学习视频的工具；他们或者会抱怨学校住宿的条件，包括空调和热水器。对上课老师打分，他们给出的分数较高，然后在自己的朋友圈里呈现自己最真实的想法和态度。例如，他们会审视某些老师运用的教学手段与方法，然后提出自己的感受；他们会质疑学校的某些教学方案并说明自己的分析和观点。学生到底是善解人意的，他们或许觉得有些真话会伤害到老师或学校行政人员的自尊心，因此找了一个"树洞"偷偷说着悄悄话。当我在他们吐槽学校或老师的朋友圈下留言时，他们会尴尬地表示："老师，我发错了。"这里是有隐含意思的，他们的真实心里话是："呀！我怎么没有把这个老师屏蔽！"

从一个创新创业教育者的角度来观察，当代大学生的个性特点跃然纸上。如果认真仔细地审视他们的成长环境，就更能保持与他们同频。比如他们出生在21世纪初，成长过程中能明显感知到周围物质生活条件在持续性速改善。他们几乎都是"互联网原住民"，不断接受互联网环境引发的信息爆炸和其他国家的文化渗透。同时，他们经历了较为严苛的应试教育，基本上都是孤独的独生子女，当然也不排除在他们高中时期父母又生了二胎。他们是最快掌握网络热词的"见多识广"的年轻人，因为大部分都热衷于网络游戏，所以具备一定游戏化的心态，比较倾向于以自我为中心，但很多时候又颇为实用主义。比如我们来了解以下个案深描：

A同学是一名非常普通的大学生，混入人群就难以辨识，但是他渴望成功的积极态度让创新创业的老师很快留意到他。他是某大学理工科专业的大一本科生，刚入校时他热衷于在学生社团活动，他其实自己也不知道为什么要参加这些学生社团，但听父母说来大学就是要锻炼自己的，于是也就参加了这些学生社团。但很快他就失去了兴趣，因为他没有找到太多的价值和意义。他在创新创业基础课上的表现也很普通，他很少主动回答老师的问题，在完成任务的时候也不会主动出击，他似乎对创新创业方面的知识和训练不太在意。但是，他每次上课都带着一个平板电脑，他不是用它来打游戏的，而是将他认为有用的东西记录在平板电脑上。

A同学一次下课后找到了双创课的老师，他告诉老师他近日在做的几个简单的创业项目，比如小成本的食物贩卖等，但做得都不太成功，甚至商品因为管理不当而被他人偷窃。A同学很焦急，他觉得自己没有想象中那么厉害。他希望老师能给他一个指导。

A同学是一类学生群体的缩影。这群学生的创新创业理论知识和专业技能尚处于较薄弱的阶段，他们性格平和、思维比较活跃，善于表达和分享，对创新创业有朦胧的认知和学习热情。但是，他们也存在着明显的不足。第一个不足是他们缺乏实践。他们可能有过打工或其他实践的经历，但自主创新或创业实践基本为零，知识和能力之间、理论和实践之间，落差很大。他们的社会阅历、创业经验基本为零，面对社会上各种创业书籍、互联网时代海量创业资讯的甄别能力和自我定位能力不够。

第二个不足是他们虽有一定的学习能力，但学习依赖性强且素质参差不齐。大一新生对国家乡村振兴、大学生创新创业等相关文件精神的学习、领悟、应用能力不够，助推农村经济发展意识和责任感有所欠缺，对老师的引导、指导的依赖性比较强。他们的基础参差不齐，有的学生理解力较好，有的学生理解力较差，需要教师化难为简，表述通俗易懂，并引导学生理论联系实际，勤于思考。

第三个不足是他们虽有创新创业的动机，但自信心不足。大学新生对创新创业、乡村振兴等有较为强烈的实践动机，可能是他们的社会经验尤其是基层工作经验不足，对创业的复杂性、特殊性认识不够，因此他们的自信心不足，害怕失败。

通过以上分析，教师应着重在学生心中种下一颗"种子"，赋予学生期待和成长的力量。教师在授课过程中解读国家有关创业的政策。通过学习，学生掌握创新技法和创业流程，在熟悉党和政府规划方向与重点的基础上，结合"互联网+"创新创业大赛中红色筑梦之旅赛道形成项目构思，为创新创业贡献自己的一份力量。例如，有一名双创教师 B 老师是这样认为的：

我们学校没有专业的创新创业教师，我是教国际贸易和物流的专业课教师。学校在咨询我的意见后，让我成为创新创业基础课的老师。我本以为上这门课没什么压力，但一接触我才发现上这门课是一个不小的挑战。以前我作为专业课的授课老师，专业课上了那么多年，有了足够的经验，而且班上一般只有 30 人左右，我的备课时间相对充裕。教授创新创业基础课，我一方面要不断吸纳各类知识，另一方面要了解各类创新创业政策，并且我还有了另外一个身份——创新创业课外指导老师。当 A 同学找到我要我传授创业成功法宝时，我很想和他一起分享我开公司的经历，毕竟我的公司到现在还是不温不火。我缺乏指导学生创业的经验，于是我带着这个问题找到了教研室主任，希望他能更好地指导我。

这是创新创业教育中必须面对的一个问题：如何建设好创新创业师资队伍。在我国，创新创业教育由国家发起，在全面开展创新创业教育教学后，就一定会出高校创新创业师资匮乏的问题。基本上，双创教育由专业课教师、思政课教师或辅导员担任，尽管对双创师资会进行系统的培训和指导，但仍有很多教师缺少创新创业的思维习惯和实践经验，知识结构单一并缺乏实际感悟。对此，我们要因地制宜采取措施。当上面案例中那位双创教师将自己的问题呈现给教研室主任后，我们立即举行教研室集体备课并尝试运用创新思维来解决问题。

首先，我们对创新创业基础课进行课程定位。面对一年级本科新生开设的基础课，需要在了解学生和教师的基础上，将学生分为两类：一类是有创业意愿的学生，另一类是没有创业意愿但有学习动机的学生。该课程定位于让创业意愿群体懂方法并更为理性地去创新创业；让非创业意愿群体以开创事业的心态开启学习和就业之旅。总之，教师应该有自己的态度，帮助学生树立正确的创业观和价值取向，掌握一定的思考和行动方法，同时激发他们对未来的双创热情。同时，我们邀请不同创业行业的先锋加入指导教师团队，与他们一起开发偏重创业实践的实训课程，更好地为有创业意愿和行动的学生服务。

其次，我们实行了线上线下混合式教学，落实轻概念、重方法，轻讲授、重吸收的教学方法，特别是打磨每一个章节的课程设计，在梳理每一项概念知识维度时匹配项目发展维度。

最后，我们回到那个让 B 老师困惑的问题，如何更好地指导 A 同学。这里我将研讨的片段做深描的处理。

教研室主任 C 老师看向 B 老师，说："回到你的困惑，你现在觉得要怎么做？" C 老师的眼神一贯温和，B 老师说："我觉得那个同学自己并没有想好他为什么创业，但是创业本身可能就是一种行动……" D 老师说："我可以说一句我的看法吗？大学生创业就一定要鼓励吗？从他的创业项目来看，不过是批发一些食品摆摊售卖，这种项目没有核心竞争力，他有没有想过这个问题呢？" E 老师说："大一新生，如果能找到一个更匹配他的项目，或者他找到一些志同道合的伙伴，结合自己的专业，或许能做一些更有价值的项目。" B 老师说："确实，我应该邀请他到我的办公室，多花一些时间和他沟通，了解他的情况和创业动机，说不定能帮他做一个引

41

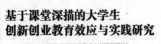

介，让他加入一个团队……"C 老师说："当然，也有其他的方法。B 老师可以和另外一个有辅导经验的老师一起指导这个学生，双导师辅导效果可能更好。"B 老师点点头，嘴角上扬，不仅是因为她的困惑解决了，还因为她接收到创新创业教育路上同伴们的支持与关注。

在这个教研场域中，有一种共情、关心、互助的人文情怀在其中荡漾。培养双创教师的创新创业精神，除不断挖掘课程的创新要素，改进创新的教学方法外，还需要组建以人为中心的专业教师指导团队，并组织具备深厚知识和丰富经验的教师引领经验尚浅的教师，在指导过程中科学把脉、精准分析、悉心指导并协同配合。以人为中心是一种教学的理念，理念的传承中人的地位与作用永远排在第一位。笔者很期待读到这一段的读者，能感受到人和人之间最自然的相互鼓励的情感。在社会竞争压力加大的今天，很多人信奉"丛林法则"，认为人和人之间充满竞争，优胜劣汰，这忽略了在共情的情景下产生的合作与信任也是竞争时代不可或缺的成功因素。正如有学者指出，共情激发了互助意愿与行为的发生，促进了人际交往的社会能力的提升，并构筑起了人与人之间的一种关联感。共情的力量可以传递，当教师之间产生强烈的共情，教师之间的同事关系将更为融洽和谐，从而提升创新创业教育教学的效率，并促进教师与学生之间的共情产生。

2.6　小结

在本章，我们使用深描的案例更为生动地解释关于以人为中心、深描以及创新创业教育与教学方面的理论研究的观点，并努力让读者更清晰地理解我们在开设创新创业基础课中所蕴含的以人为中心的教育理念与教学设计点。接下来，笔者将用更加通俗的语言深描教师在讲授创新创业基础课程之前的困惑与思考，将课堂教学过程中具有意味的、互动与对话的片段或环节用一个个案例或故事的形式进行深描和解释，从而将创新创业教育的实践研究做创新的设计。

3

创新创业课程教学机理研究

3.1 教育和高等教育的目标及面临的挑战

教育的目标是什么？对此的回答有很多，获得众多教育学家认可的观点是教育的主旨主要是让人成为真正的人，实现人的全面发展。以人为本的教育有着巨大的包容性，无论教育如何变革，教师和其他教育者的角色仍然是学习过程中的核心，他们是促进教育过程中所有人可持续发展的核心角色。尽管现在的教育变革提倡"以学生为中心"，但教师作为课堂教育的主导者，其发展的话语权仍应得到重视。也就是说，学生在课堂教学的过程中，仍然是被教师所引导和感染的，从而成为更完善的自我。国际上一致认同的关于教育的特质是：教育不仅是获取技能，更是尊重生命和人类尊严。这样，教育才能真实实现人的全面发展。对于多样化的世界来说，这个观点更能保持社会和谐稳定的发展。因此，教育的变革宗旨应当是为所有人的未来做出贡献。因此，教育的目标是培养受教育者的批判性思维、独立判断、解决问题以及信息和媒体素养技能。除此之外，国际上许多教育研究者也提出教育未来的整合方向是克服认知、情感和伦理方面的传统二分法——人们认识到需要超越传统的学术学习。1996年，《德洛尔报告》出炉，其中最具影响力的是关于学习的四大支柱概念。该报告认为，正规教育往往强调某些类型的知识，而忽视了维持人类发展所必需的其他知识。例如，学会知道——广泛的一般知识，有机会深入研究少数科目。学会做——不仅获得职业技能，还具备处理许多情况和团队合作的能力。学会成为——培养个性，能够日益自主地行动，做出判断并承担个人责任。学会共同生活——通过理解他人和欣赏相互依存来发展。整合式教育方法的理念反映在学习的四大支柱中，对世界各国的教育政策、教师培训和课程开发产生了重大影响。随着教育变革和发展，一些教学学术的词汇，如"软性""可迁移的""非认知""21世纪技能"等说明了当前对教育内容和方法的思考相当丰富。对于很多国家和地区而言，教育在创造力和创业精神等领域的人才培养具备更大的竞争力。对于个体而言，个体能力的增强表现在特定情况下能创造性并负责任地使用适当的知识或信息，从而找到解决方案并建立与他人的新联系。这些知识不仅仅是教师向学生传递的知识，而是两者一起探索、研究、实验，根据人类需求创建的知识。例如，互联网的发展让个体随时捕捉惊人的信息量。对于学习者而言，其应能够快速准确地理解他们每天遇到的大量信息，评估他们所读信息的可靠性和有效性，质疑信息的可信度和准确性，将这种新知识与先前的学习联系起来，从而辨别与他们已经理解的信息的意义相关性。因此，教育培养人全面发展的能力包括：基本语言和沟通技巧；解决问题的能力；开发更高阶的技能，如逻辑思维、分析、综合、推断、演绎、归纳和假设性思考。可以说，学会如何学习从来没有像今天这样重要。

关于高等教育的目标和功能的研究与探讨也从未停止。1998年10月，在巴黎举行的首届世界高等教育大会提出"每一个人都享有受教育的权利"，高等教育的目标主要是致力于提供每一个人能根据自身能力接受教育的机会。2009年7月，第二届世界高等教育大会在巴黎举行，该会议旨在研讨未来影响高等教育政策与发展的新动力，提出高等教育要积极面对全球化带来的挑战。2022年5月，第三届世界高等教育大会在巴塞罗那举行，大会的主旨是面对日益复杂和充满挑战的全球局势，我们需要迈出大步重塑高等教育，为世界高等教育未来的可持续发展绘制蓝图。《2022年度十大IT议题：我们应有的高等教育》提出，要实现应有的高等教育目标，应从制定共同愿景和战略开始，进而构建以学生的成长为中心的可持续经营模式。正如斯坦福大学的约翰亨·尼斯在2012年的本科教育报告中所说："新一轮本科教育改革的关注点不应仅仅指向大学应该教什么，也要关注大学应该怎么教，还要关注学生应该怎么学、学得怎么样。"在高等教育发展的新阶段，教育部对教育也提出新的要求——中国教育由高速发展转向高质量发展，锚定 2035 年建成教育强国的目标，从理念、目标、政策等方面实现战略性转变。2018 年 6 月，我国高等学校本科教育大会召开，呼吁高等教育的四个回归——回归常识、回归本分、回归初心和回归梦想。高等教育的未来就是办好中国特色社会主义大学，不断提高教育教学质量，打造一流教师队伍，引导学生求真学问、练真本事。

高等教育的转变意味着增加了大学课程的挑战度，突出课程的高阶性和创新性，主要目的是促进知识、能力、素质以及育人的有机结合，培养学生解决复杂问题的综合能力和高级思维。

基础教育在不断减负，但我们疑惑地发现，家长似乎更加焦虑了。课外辅导班以各种形式存在，关键是现在的学生越来越累——进入初中的学生几乎都是在为升入大学而奋斗，不断地进行题海战术；进入大学的学生几乎都开始面临考研的压力和就业的压力。教育的内卷让学生和家长产生巨大的压力，其实也变相地给大学教师增加了教学压力。

我主要给大学新生上通识性的基础必修课，站在讲台上快 15 年了。尽管教学经验丰富，但是我越来越感受到上课的压力——学生的眼中没有光了。他们不是上课不认真，而是太认真了。标准化地拿出书本和笔记，如果觉得所讲的知识是考点，他们会认真记录和思考；如果觉得所讲的知识不会成为考试内容，他们就会默默戴上隐形耳机，主打一个互不打扰。我想刺激一下大家，比如提问，但是往往迎来的是课堂沉默。没有人愿意举手回答问题，哪怕这个问题他们知道，除非我告知他们答题就可以加分。如果我随机抽取一名学生回答问题，他们也是不急不慢地站起来然后镇定地说他不知道。这和以前的大一新生太不一样了。以前的学生眼睛里有光，他们更积极和踊跃，反应速度更快。更重要的是，他们对学习是有兴趣的和好奇的，如果回答不出问题会报以羞涩的微笑或羞愧地低头，总之那时候的课堂比现在的课堂有趣一些。我有时候和这些学生聊天，他们会告诉我，我所讲的知识和内容他们能在网上搜索到，网上的老师讲得更加生动有趣。不过哪怕是那样他们也不愿意看，因为对于他们而言不够实用，他们要更高效、更实用。

以上是一位长期站在讲台上的通识课教师的感言。这种教学案例并非个案。高校要以打造高阶"金课"来提升学生综合能力为重点，重塑课程内容，创新教学方法，打破课堂沉默状态，焕发课堂生机活力，较好发挥课堂主阵地、主渠道、主战场作用。这意味着高等教育改革的任务之一就是锻造高级创新思维。因为从学生到成人，有的人成功了，有的人失败了，更多的人是平庸地度过了一生。斯坦福大学一直关注积极开展关于学生成功与失败的案例研究。对于大学学习生涯而言，学生的学业成就与学生的学习态度、动机以及自我调节学习策略等因素相关。如果把学生阶段放入个人生涯发展来看，学生走出校园走向社会之后的成功与失败很大程度上取决于他们的思维模式。该研究指出，如果个体的思维发展陷入属于一种被称为"固定式思维模式"之中，那么其学习和成长将受到限制；而如果个体的思维发展倾向于"成长型思维模式"，这将有助于个体克服困难并取得成功。培养成长型思维，并非只是将思维的内涵、特性或重要性告知学生，更是要在培养学生解决复杂问题的能力的过程中锻炼其思维。教学理念是以人为本的，教学过程要突出学生的参与性，教学评价则是多元化和多样化的。这也意味着，高等教育需要一场创新创业教育理念的改革。

2015年，国务院办公厅发布的《关于深化高等学校创新创业教育改革的实施意见》明确了高校创新创业教育改革方向——2015年全面深化高校创新创业教育改革，2017年普及创新创业教育，2020年健全高校创新创业教育体系——从而完善人才培养质量标准，创新人才培养机制，健全创新创业教育课程体系，改革教学方法和考核方式，强化创新创业实践，改革教学和学籍管理制度，加强教师创新创业教育教学能力建设等。因此，在高校课堂上进行创新创业的课堂教学成为高等教育改革中的重要一环。我们要通过课程的建立、实施、考核等，推动教育根本任务的完成：引导学生建立改变命运的创新思维，获得解决问题的能力，成为全面建设社会主义现代化国家的时代新人。

3.2　创新创业课程的教学目标

探讨创新创业课程的教学目标，首先要避免两个误区：一是创新创业课程的教学目标是教大学生怎么赚钱，二是大学教创业还为时过早。这两个认知误区源于对创新创业教育目标的混淆。创新教育是培养大学生的创新意识、精神、思维和创新性人格的教育活动。创业教育是对大学生进行的塑造价值、创办事业的教育，其核心主旨是教师指导学生找到创造价值的思维与方法，并将自己的有价值的想法变为具体的说法和做法。因此，创新创业教育是一种教育理念，它是创新创业理念的有机融合，为培养创新创业型人才而开展具体的课程教学、实践孵化、大赛促教等环节，形成创新创业教育改革的氛围。

因此，创新创业课程的教学目标之一是不断拓展学生的创新思维，让学生呈现思维的创新与成长。创新创业课程的教学目标之二是培养学生解决复杂问题的能力，并保持对未知领域的好奇、思考、探索、求知等兴趣和欲望。创新创业课程的教学目标之三是培养学生的创业意识、竞争意识以及团队合作意识，在具备这些意识的基础上锤炼创新创业心理品质和精神，从而达到课程思政润物无声的育人效果。

3.3 创新创业课程内容设置的理论基础

3.3.1 关于创新能力的理论研究

创新能力是个体或群体在支持环境下发现新的问题，提出有别于常规思路的新思维、新见解，并产生出新的具备社会价值或个人价值的事物的能力。在很长一段时间里，很多人在认知层面上将创新能力等同于创造能力，并对此进行了大量的研究。有人认为，关于创造力的正式的科学研究是从美国心理学家吉尔福特开始的。吉尔福特在空军训练营基地进行心理测试实践研究中发现了创造力的心理属性和重要性，他在 1950 年的美国心理学会上做演讲，并呼吁心理学家关注创造力。但此后关于创造力的心理研究进展缓慢，毕竟创造力只是古希腊的艺术概念，大部分的早期论述都认为创造力是"神秘"的方法。直至 1985 年，英国心理学家爱德华·德·波诺（Edward de Bono）提出用实用的方法研究创造力，创造力的研究主要是以作品或方法来进行实践。现在，许多研究者从实证和理论上对创造力进行了系统研究，如创造力的认知理论、基于专业知识进行问题解决的创造力理论以及问题发现的创造力理论等。这些理论成为创新能力培训的理论基础。在整合相关研究和理论的基础上，我国学者根据创造力和智能的密切关系，提出了创新能力的构成要素。创新能力包括知识、智力因素和非智力因素。其中，知识包括隐性知识、一般知识和专门知识；智力因素包括一般智能、创造性和批判性思维、特殊才能；非智力因素包括创造意识因素和创造精神因素（见图 3-1）。

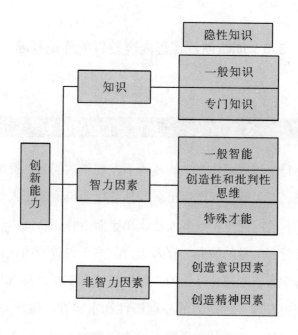

图 3-1　创新能力要素构成

在此基础上，我国学者提出了一个创新能力的表达公式：

$$创新能力 = K \times 创造性 \times 知识量^2$$

该公式又可以表示为

$$创新能力 = K \times （创新人格 + 创新思维 + 批判性思维 + 创新方法）\times 知识量^2$$

现阶段，对大学生的创新能力的培养主要集中于创新创业教育课堂上的意识唤醒、思维训练、方法指导、项目训练以及知识拓展。

3.3.2　关于创业教育的理论研究

20 世纪 80 年代开始，创业教育席卷全球，世界上很多商学院都在讲授创业内容。创业成为一门学科的合理性在国际上得到不断提升。仅在美国，就有超过 100 个大学创业研究中心以及数百名创业终身教授。创业作为一种经济活动的实践，其重要性无须赘述。被称为"美国创业教育之父"的百森商学院教授杰弗里·迪蒙斯在评价创业时曾说:"创业不仅仅意味着创办新企业、筹集资金和提供就业机会,也不只等同于创新、创造和突破,还意味着孕育人类的创新精神和改善人类的生活。"[①] 因此,创业教育需要创新精神、思维、能力的支撑,如果仅仅将创业教育的内容商业化,则一定会受到批评与挑战。事实上,美国等国家的创业教育中的师生角色、课堂以及教学方法遭受过诟病,研究者提出创业教育应该更加强调培养创业精神、实践(创新)思维等。在教育家和实践家的不断努力下,创业教育获得蓬勃发展,而创业教育中的课程建设及课堂教学也成为许多教育研究者的关注热点。

相对于创业教育的发展,创业相关研究还存在很大的空间。早期的创业研究集中于创业者的系列特质,如对成功的渴望、高度自律、抗压能力、承受高风险以及对不确定性的容忍。但是对高风险的承受力方面的研究存在争议。有研究者指出这种结论存在风险承担偏好影响。另外,关于这些特质究竟是先天存在的还是后天培养的也仍是谜团。1988 年,盖特纳(Gartner)提出了用行为方法研究创业,其研究重点在于创业者都做了什么而非他们是谁。但是,该研究缺乏普及教育的目标,因此研究一度重新回到了创业学科的合理性及如何运用认知方法来进行创业者的思维模式的研究。也就是说,创业教育着重方法的运用,从而培养思维能力。

3.3.3　创新创业教育理论与课堂教学实践有效融合

创新创业课程的课堂教学不仅是知识传授的场所,更是创新与创业能力培养的场所。研究者将创新创业的方法融入课堂教学,如创新的概述、

---

① 海迪·M.内克, 坎迪达·G. 布拉什, 帕特里夏·G. 格林. 如何教创业:基于实践的百森教学法[M]. 薛红志, 等, 译. 北京: 机械工业出版社, 2017: 135.

创新思维开发、创新方法、设计思考、创业者与团队、创业机会与风险、创业资源、制订创业计划等，通过对这些内容的学习和实训，塑造大学生创新创业人格和内在价值的非功利主义价值观，重视大学生左脑与右脑的全脑开发，突破思维定式，培养大学生的问题意识和好奇心，培养大学生的创造性思维和批判性思维，传授创新方法，从而提高大学生创新创业的技能。

3.4　创新创业课程的师资要求

以湖南某高校为例，其为本科生开设的创新创业教育课程体系以创新创业基础课为核心，开设创新创业类选修课以及融合课程，并辅以创新创业类第二课堂实践训练，营造全员创新创业教育氛围。在本书的研究中，我们主要从微观的角度探讨创新创业基础课及某些衍生课程课堂教学中的教学学术研究问题。舒尔曼说，从学术角度看，大学教学有五大症状：一是健忘症。大学教师从来没有像做科研那样认真记录其活动过程和结果，教完就不管了。二是幻想症。由于没有现场记录，总结主要依靠事后回忆，而这些回忆通常会美化实际过程和效果，形成很多表扬与自我表扬相结合的不知真假的神话。三是孤独症。大学教师通常也不彼此交流教学经验、分享教学成果，而是把心得体会独自保留起来，这不是因为他们自私，而是因为传统和习惯。四是惯性。大学教师如果在教学中找到一个比较满意的方法就保留起来并长期重复使用，结果思想和实践都长期保持不变。五是怀旧。由于教学主要基于习惯，大学教师总是倾向于认为传统方法好而不愿意改变，这其实是懒惰。所有这些都违背了现代学术准则，从而使得现代学术方法无法进入大学教学研究。因此，在研究之前，我们整理了与本书研究相关的文献综述和研究分析，并阐明了研究的价值与意义。创新创业基础课程的教学要克服以上五大症状，首先需要教师做好课堂相关记录。以下截取某位创新创业教师的教学笔记：

三年前，我从学校的某一教学部门调入创新创业学院，从事创新创业基础课的教学。我永远记得第一次上课时，学生眼睛中的星辰大海。新冠病毒感染疫情一度打乱了高校的课堂教学，我们被迫接受了远程教学并开始了线上线下混合式教学。从那以后，我总觉得学生似乎沉溺于手机等电子产品中，最显著的就是他们纷纷在课堂上戴上了蓝牙耳机。

从第一次上课的星辰大海，到新冠病毒感染疫情过后课堂上的"深沉如海"，时间也不过才两年。是老师上课水平每况愈下吗？还是学生对生活中苍白的语言灌输已经完全无感？大约是科技改变了生活。对于教师而言，最多的观众就是学生，当观众不再看向自己，那就是教师落寞的开始。

不过，作为创新创业课的老师，这种落寞会少一些。尽管这样，我在早期的课堂上和学生一起探讨创新思维，往往着重从反面探讨创新思维，仿佛讲清楚了什么思维不是创新思维，剩下的就是创新思维。事实上，学生依然会皱着眉头。在大学的课堂里，很多学生对创新思维是充满好奇和向往的，估计也是因为初中、高中的记忆性学习太伤害想象力了，因此他们就期待创新创业课能给他们一个思考的方向。

但是，我想，一个学期下来，或多或少，他们还是有些失望的。因为课堂里仍然很多都是教条和灌输，加上现在都喜欢搞线上线下混合式教学，他们多了一项任务，就是在休闲时间浪费手机的流量拼命刷视频和电子书。

"我花了一天的时间把这门课的线上学习任务刷完了。"一个和我比较熟悉、愿意向我说实话的学生有些骄傲地告诉我，哪怕我听了以后陷入了沉思。

直到今天，花了一些功夫，用了大量的时间沉浸于书本和思考中，我才意识到，创新思维怎么讲。首先，教师要学会接受这些思维，自己要会运用创新思维做一些事情，特别是在课堂上，而非在视频里解释创新思维的定义与内涵。我尝试将自己的理解应用于课堂之中——我坚持每一年在学校开设一门创新思维类的选修课，然后将自己的想法运用于课堂之中，这样我就看到了课堂中学生的一些变化。

这位教师指出创新创业教学课堂的局限性，作为一名积极的、有建设性想法的高校双创教师，她用自己的方式进行自我实现的成长奋斗，并希望能不断影响和激发学生主动的自我实现。罗杰斯认为，人不是白板或者胶泥，人的行为由环境决定，各种环境的力量加上人的先天基因倾向塑造了人的心理和行为倾向。崇尚人性本善的人本学派认为，每一个人都有保持自己、增强自己并进行再生的趋向，朝着充分发挥机能的方向前进。这种自我生长的力量需要有人去激发或点燃。"以人为中心"的创新创业课程的教学课堂就是很好地激发自身成长的场域。创新创业教师应该是真诚的、积极关注的，并具备很强的同理心。同时，创新创业教师还应具备辩证批判的思维模式，不过分强调以学生为中心，更不夸大情感的力量。让学生在有规则的场域中获得成长才是创新创业教师最本质的工作。就如同这位教师在记录中所言：

接下来，我将不断探索，记录创新思维或理性或感性的认知和课堂中的实践过程，我觉得记录不太像非常学术化的作品，我尝试让课堂变得生动有趣，这样才能对得起"创新思维"这四个字。但在课堂中营造生动有趣的氛围就行了吗？如果一名学生说上创新创业课很放松、很有趣，这个评价是褒义还是贬义？为此，我邀请其他老师和我一起进行比较严肃的探讨。结果一位老师直接摆了摆手说："你先找学生问一问，或者直接想象你读大学的时候的课堂，或者你直接去课堂旁听观察，可能更容易找到答案。"

于是我就真的旁听了。有的旁听是慕名而来，据说老师在课堂上口吐莲花、幽默生动，我旁听时感觉很好，学生很欢迎这样的老师。我也旁听过很沉闷的课堂，老师尽力在表达，虽然学生的兴致不高但是缺席率很低，学生说能学到东西。有的老师不怎么爱说话，会带着学生一起演练和实训，然后润物细无声。还有的老师不适合教授高深的学问，但很适合掌控初学者的通识课堂，他总能看到学生不同的特点并更好地激发学生的创造力……当然也有一些索然无味的、照本宣科的、自己麻醉自己的老师，他或许沉醉于自己的科研论文中无法自拔，对课堂也就少了很多兴致。

我还观察到了一个现象，从教育心理学的角度来解释，应该是人和人之间的积极反馈会影响双方后续的行动策略。在一些课堂上，教师和学生是相互影响的，甚至学生的真实反应更能影响教师的教学效果。例如，学生是不是非常积极主动地坐在教室第一排，上课时学生的眼神是不是跟随老师，学生是不是能及时反馈教师的问题等，这些因素都会无形中影响教师的上课态度。

可见，教师指引学生，学生影响教师。创新创业课堂教学中什么类型的老师、什么样的教学模式，或者使用什么教学方法，都不是重点。重点是教师和学生的眼中有没有对方、有没有期待。特别是教师，站在讲台上，就应该有特殊的职业感和使命感，每次上课问问自己："我是否激发了学生的学习动力、创造力和行动力，我是否观察和体会到学生从课堂中学到了什么？"

用现代管理大师德鲁克的观点来看，有的教师是天生的，可以自我改进为更好的教师，而有的教师是善于运用一套人人适合的学习方法。因为学习是深植于每一个人身上的，人类是照着一定方法学习的"学习体"。天生的教师和善于运用方法的教师都能找到适合学生的方法，从而激发学

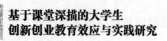
生的学习热情。除此之外，他们还有一个共同点就是非常负责，或者说他们都有教学热情。毋庸置疑，负责的、善于运用方法的教师和学生之间能形成良好的关系，并更好地促进学生的学习效率提高。

作为处于高校课堂教学创新改革前沿的创新创业教师还应该具备更高水平、更全面的专业素养，比如研究素养、创新素养等。相对于知识取向的传统教学将逐渐被颠覆，在课堂教学中，创造力、想象力、价值观、个人品质等将重获生机。笔者将逐一进行创新创业基础课程的解构，用以人为中心的理念为核心进行主题的设计，尝试突破课堂与生活的界限，加强学生个体与自然的联系。我们将更注重学生的精神升华、人格完善和价值引领，成为学生的分析者、指引者和陪伴者。

3.5 深描视角下创新创业教育参与式教学理论

笔者进入创新创业教育行业时间不长，在师资培训时很幸运听到了李家华教授关于创新创业教育教学的培训讲座。他认为，在高校进行创新创业教育，不应该只停留在"术"和"法"的层面，更应该在"道"上做指引。李家华教授秉承寓教于乐的教育理念，用游戏、共情、创造、反思等方法带领我们温习了创新创业教育的课程体系，使笔者感觉振奋。根据这几年的教学沉淀和理论学习，笔者将自己对创新创业教育实践的认识记录下来，整理思路，来讨论一些在创新创业教育教学上的困惑与收获。

3.5.1 在游戏和玩耍中激励创新

在创新创业培训中，遇到项目构建瓶颈的时候，笔者总会停下来带着大家一起玩一个轻松愉悦的游戏。很多人已经逐渐接受玩耍可以培养自由且充满想象力的思维，特别是年轻人已经把玩耍视为这个时代的必备技能。

百森商学院专门从事创业研究的教授海迪·M. 内克曾在书中给教育者提出了这样一些问题：

在课堂的上课期间，会有学生经常频繁地走出课堂去上洗手间吗？

是不是你沉浸式地在讲台上讲课，而学生默默打开桌上的电脑或智能手机？

当你提出问题的时候，学生是不是全体沉默？

学生会不会不带书到达教室呢？

当你看向学生的时候，学生会回避跟你进行眼神接触吗？

当你询问班上谁愿意当助教的时候，学生会保持沉默吗？

你会不会在走进课堂之前也有不想走进课堂的时候？

海迪教授认为，如果对上述问题的回答都是"是"，可见学生的参与度与配合度并不是很高，他建议需要开始跟学生进行有关玩耍的课堂实践。当然，他所说的玩耍是基于在严肃游戏的情景中进行一种思维与情绪的释放。高校的创新创业教学现状及问题在很多研究文献中有具体的阐述和说明，此不赘述。但与海迪教授的建议一致的是，在笔者的教学观察中，学生能沉浸于严肃游戏的情景当中，比如课堂上引进的 SYB 创业培训经典的沙盘游戏。该沙盘游戏可以被视为严肃游戏。"严肃游戏"这一术语首次出现在 1970 年卡尔阿伯特的著作当中。通常概念上的严肃游戏是指教育和游戏技术相融合。直到现在为止，关于严肃游戏包括什么仍然有模棱两可的说法。目前的各种严肃游戏的案例，比如教育游戏、模拟虚拟现实多种目的游戏、寓教于乐型产品、基于学习的数字游戏、沉浸式学习模拟社会影响游戏、说服性游戏、交换游戏、商品游戏、协同学习环境及基于游戏的各种活动。作为沉浸式学习模拟社会影响游戏的 SYB 游戏模块，只需要简短的游戏介绍、分工任务和道具发放，就能对参与者产生巨大的吸引力。笔者根据课堂观察发现，无论是在校的大学生，还是一些具备基本的创业经验的初创者，参与 SYB 游戏模块时，他们都非常投入，在玩耍的过程中信心满满、表现积极，不断激发创新思维。以 SYB 游戏模块为代表的严肃游戏的确在创新创业教学课堂上体现出新颖、创新的魅力。这些游戏只需要基本的、简单的、操作性强的道具和流程，不仅让游戏者深入思考游戏的角色，而且在玩耍的过程中更加理解创新创业课程体系及内涵。作为游戏的指导者，教师需要关注游戏和玩耍与每一章节课程的匹配，思考以下问题：

第一，适当的教学审视和安排。教师需要评判所采用的游戏是服务于哪一个课程的内容，或者服务于哪一个练习的目标。无论采用什么教学法，都需要教师仔细构思和计划，为学生和教师的成长留下了余地。例如，在 SYB 游戏模块中，其教学目的就是让参与游戏者能够更好地了解企业的基本循环周期，并且认识到制订计划的重要性以及感受企业在面临风险的时候应当如何应对。那么，教师就要将这个游戏和创业风险的内容结合起来，从而达到教学目的。在这个过程中，有时候的创新灵感会让教师和学生感到一些意外，甚至在有些游戏的过程中，参与者会发挥自己的创新能力，去拓展游戏本身的目的。因此，教师要关注游戏与课程内容的匹配度，确定学习目标与拓展目标。

第二，精准掌握适合大学生的游戏类型。这是高校创新创业教育者应该反思的问题。我们会发现，在课堂中，游戏仍然是要以有道具的传统游戏为主，锻炼学生的思维能力与动手能力。此类游戏多以国外开发的游戏为主，适合中国大学生的创新创业类游戏并不多见。

第三，有效制定游戏规则。我们要看清楚游戏是否有一定的竞争规则。如果有人打破规则会发生什么？在这个游戏中，我们是否会讨论到规则？是谁制定的规则？游戏者会真的遵守规则吗？如果规则被打破，是一种积极的突破，还是对整个游戏产生一个毁灭性的打击？

第四，恰当保留游戏记录。当游戏结束之后，我们是否会进行一个游戏的感悟发言，甚至用照片或文字的方式把这些感悟记录下来，是否能够在这个过程中去培养游戏参与者的表达能力、共情力和创造力。这是教育者应该思索的问题。

3.5.2　在师生移情中建立互动关系

笔者曾经和一名同行有过一次短暂的沟通，她突然感叹说："这世界哪有什么感同身受，没有同样的经历是很难理解对方的感受的。"这番感叹让笔者沉默。她口中的感同身受基本上可以看成一种移情的体验。心理学家认为关联、了解并理解他人的感情是我们人类的本能，但这种本能的程度如何心理学家仍在探讨中。关于移情的定义一直存在争论。移情作为被研究谈论的主题，其范围跨越众多的学科，包括哲学、心理学、社会学等不同的分支。在各学科专家的定义当中，移情有不同的侧重点，但大家达成的共识是人类天生具有移情的能力。移情是一种观察、记忆、认识和逻辑推理的组合，而且通过与他人不断互相沟通，该能力也会得到不断发展。在这个过程中，移情者能够逐渐理解他人的内心，并且也能够区分出自己的情感和他人的情感的区别。许多学科的专家的研究都发现移情确实存在，而且因为个体之间熟悉度、相似度以及学习和经验等的不同，移情水平会有显著的变化。换言之，如果要感同身受、善解人意的话，是需要实践和体验的。

确实，最好的移情方式是实践和体验。这个故事发生在笔者和笔者的女儿之间。作为中国的家长，辅导上小学的女儿做作业，是一个提升家长移情能力的过程——如何站在他人的角度看问题。在辅导孩子的时候，笔者总认为孩子没有认真听笔者讲解，因为笔者经常观测孩子在听笔者说话时是否出神，如果她一副若有所思且茫然无措的神态，笔者会根据多年的教学经验来断定孩子肯定开了小差。为此，笔者暴躁得像一头狮子，怒气冲天。直到有一天笔者突然心血来潮想学古筝，于是邀请女儿作为老师教笔者学古筝，毕竟她已经是古筝十级的水平了。在女儿教授笔者学古筝的过程中，尽管女儿非常温和耐心地指导笔者，可是笔者还是无法跟上她的节奏，于是她在滔滔不绝，笔者在眼神发愣，她觉得笔者没有认真听讲，而笔者则抱怨她讲得太快。笔者突然意识到，我们处于同样的教学情景，只是笔者和女儿的角色发生了互换，她变成了家长，而笔者变成了一个一无所知的学生。笔者对女儿学习的处境有了深刻的体验。笔者理解到自己在辅导女儿功课的时候，女儿内心的无助和彷徨。那时并不是她不够认真，而是她确实跟不上笔者的步调和节奏：当笔者讲到后面的时候，可能女儿的思考还停留在前面。那一刻的理解，让笔者羞愧万分。笔者抱住女儿说："妈妈能体会以前辅导你写作业时你的努力和苦闷了。"没想到这句话，让女儿和笔者之间的关系更近了一步。这就是笔者和女儿的故事，看起来很简单，但是能够解释移情及其魅力。

同样地，创新创业教育也需要移情。第一，对创新创业不甚了解的大学生，内心很希望与实践的创业者产生共鸣，他们期待更好地理解创新创业者的状态以及生活的本质。第二，对于大学生而言，有意义的移情，能够让他们与团队成员产生更好的连接。这对团队建设和个人沟通交往能力的提升至关重要。第三，无论学生未来是否从事创新创业，创新创业课堂提倡学生团队要创造新的产品、新的服务、新的企业、新的流程以及新的价值。学生需要进一步去了解未来的消费群体真正的需求是什么，这需要极高的移情能力。作为创新创业老师，我们也需要去了解讲台下的学生真正的学习需求是什么？这也意味着创新创业老师要具备很强的移情能力，并带领着学生提升移情能力。

　　在课堂上开展移情的技术手段分别有研究技术和沟通技术。研究技术是定性的研究方法，包括直接观察、一对一访谈、群体访谈、跟踪与自我记录等。不管是哪一种方法，其重点是进行真实的调查。其目的是呈现真实的生活场景和真实的内在需求以及真实的数据。沟通技术是通过前面的研究技术所产生的数据而建立一种与对象进行移情的基本技能，包括角色扮演、故事扮演。我们通过这些方法去了解真实的人物，在真实的情景下，会有一些什么状态的心理活动。在移情实践和体验的过程中，无论是老师还是学生，都要摒弃理所当然的想法。老师在其中扮演很重要的角色，带领学生一起来进行移情的实操演练。某些移情的实践之所以失败，就是因为大家难以摆脱自己的人物设定。

3.5.3　鼓励创造突破思维局限和恐惧

　　创新创业教育的课堂鼓励创造，包括并不限于创新创业计划书的撰写和路演考核。创业的核心是创新，也可以理解为创造有价值的新事物。创业的过程充满着不确定性，创业者或创业团队的素质高低是创业是否成功的关键，在创新创业的课堂，培养学生的创造思维和创造能力是主要教学目标之一。在大部分创新创业教育中，许多教育者认为实现创造的方法是写一份规范科学的商业计划书和路演成功。但是在真实的创新创业过程中，商业计划书和路演只是创造能力展现的一部分。学生在各个学习环节，如在创业机会、创新思维设计思考等学习环节中，能够掌握一些创造性的方法，比如认识自我、观察自我和对自我进行反思，懂得如何进行利益相关者的分配，并且勇于行动和试验，或者构建项目框架，这些也可以被视为一种创造的体现。很多的创造是源于丰富的创意或原创的想法。因此，在创新创业的课堂，教师与其说是教会学生如何用一些技能和方法进行创造，不如说是尽可能大地发挥学生的创造潜力，把阻碍学生发挥创造潜力的一些因素逐一剔除。

很多研究表明，阻碍大学生发挥潜力的因素有很多，比如恐惧，即对表现不佳的恐惧，或者是要进行公开表达的恐惧等。恐惧这个因素会阻碍学生创造发挥。某些学生对一些混乱的，需要不断思考、评估从而再次排序的内容没有兴趣。学生偏向于去对某些事物做出判断或评价，而不是产生创意。他们不乐意去花很多时间做创意的培养或孕育，同时缺乏挑战的意识，不愿意跟任何对手进行对抗或竞争。另外，大学生有时候无法区分什么是具有现实意义的创意，而什么又是异想天开的幻想。那么，这些阻碍创新的因素的根源在哪里呢？其源于人们根深蒂固的固定印象或人生经验。例如，我们总认为年轻人可能比年纪大一点的年长者更具有创造力；创造力是无法后天习得的，而是依靠天赋的；真正的创新是完全的原创，如果有一些借鉴和模仿的成分则都不是创新。我们将创新定义为突破性的技术进步时，无疑让年轻人对创新望而却步。在大家的常规意识里，人们总觉得所谓的创造灵感是需要一个特定的时间才能够喷薄而出。但是事实上，真正的灵感来自多次的思考与实践。连爱迪生都声称，他的发明并非意外之举，而是多次的实验推导而成的。因此，在笔者的课堂上，笔者更愿意提供一个这样的机会，不断鼓励大学生去开拓自己的思维，多进行创造。在创新创业课堂上，教师是"往后站"的。教师更多是鼓励学生根据自己的好奇心进行探索，而不是要求学生一定要按照书本的要求去学习。这也意味着教师在创造力发展的相关理论基础上运用多元的方法去推动学生进行创造。

首先，教师基于创造力认知理论采用开发大脑思维类的教学方法。这一理论的假设是在创造新的想法中人们能学习到构思思维流程。因此，教师在课堂上可以运用集中注意力或记忆的训练方法、联想发散的训练方法、元认知练习，包括并不限于头脑风暴、词语联想、组合、逆向思考等。在这个训练过程，教师不关注学生的专业学习背景，而是鼓励学生转换视角，摆脱传统思维的束缚进行合作参与，真切体验练习中的突破与顿悟。

其次，教师基于专业知识的问题解决的创造力理论采用的任务实践方法。这一理论产出的基础是相关的专业经验和知识叠加，这样的专业知识和技能能够帮助个体更加快速有效地进行创造和积累财富。有研究表明，跨领域的专业知识会影响创造力。因此，这种创造力的产生是在刻意搜寻基础上的长期实践成果。因为课程设置的原因，笔者的课堂是无法让学生团队进行长期实践的，但教师可以培养学生持久的创业精神，鼓励学生为解决某一问题开展持久的实践。

最后，教师基于问题发现理论进行设计思维的一系列训练。这里的理论支持者提出了设计思维，他们让创造者探索性地发现和了解问题，问题的发现比问题的解决更重要。正如爱因斯坦所说："如果给我 1 个小时解答一道决定我生死的问题，我会花 55 分钟来弄清楚这道题到底在问什么。一旦清楚了它到底在问什么，剩下的 5 分钟足够回答这个问题。"问题的发现过程可以成为一个流程，包括共情同理心建立，聆听、观察、确定问题，操作试验，不断迭代和更新。学生在学习和训练的过程中，需要运用感知和观察，更深入地理解他人，然后利用各种信息发现解决方案。其中，创造成果可能是以艺术的形式呈现（如画作、诗歌、舞蹈等），也可能是一套设计的方案，还可能是一个具备实体的原形产品等。其最终的指向都是在发现真实需求基础上的创造，其中一定包含学生在实践过程中的行动和努力，而且学生的参与应该更为主动和积极。

3.5.4　重视反思带来的精进

反思是行动过程中的最后一步，也是最容易被忽略的环节，尽管它被称为最伟大的教学创新之一。创新创业教育的课堂上很少会提及反思，尽管创新创业的教育者可能会反思。其主要形式为教学后的思考与沉淀，教育者进行教学反思记录，或者将记录整理成文字进行学术发表。但是，教育者并未意识到，学生不会有这种自觉，其难以在下课之后进行反思，或者用现在比较时髦的词语——"复盘"。或许有些教师会要求学生用日记的形式或上台分享的形式对课程学习进行感悟分享，教师再进行反馈。可能连教师也没有思考过，这种没有设计和框架组织的反思的本质是什么，而真实的反思能够带来什么潜在的机会或结果。国外学者从 20 世纪 90 年代就进行反思过程的理论模型研究，曾提出预期型、刻意型、组织型、批判反思型的反思性实践模型（Keevers，2011）和包括叙述、洞察、分析、评估、批判五个步骤的反思实践框架（Brockband，2007）。另外，有学者将情感性反思加入其中，其标准是领会情感对经历的影响。

引导学生反思比站在讲台上机智幽默地将道理说出来更考验创新创业的教育者。大道至简而无形，创新创业教育者应该努力将自己锻炼成让学生信任的老师，引导学生反思必然会引起一种冲击力，即一种不用老师说话就可以让学生学会的冲击力。

反思是有效果的，在课堂上的精进是笔者反思的目标。笔者努力使自己从一开始站在讲台上滔滔不绝的老师变成一个善于观察学生寻找适合他们发展的教学方法的引导者。笔者从全面质量管理（TQM）工具箱中提取了一些工具和技巧，期待能够让学生更加快速、持续、全员参与到学习反思中。

第一，在叙述的背景下进行学习（任务）效果、团队情况、自我评价的数据收集。教师让团队进行短时间的复盘叙述，所有的信息运用表格的形式进行数据收集，包括本次课堂的任务完成度（小组打分、教师打分和其他小组打分）、团队协作情况（团队成员互评）以及每一个人对自己学习情况的评价。第二，进行学习情况结果的因果分析。这分为两个部分，即完成情况好的部分和完成情况欠佳的部分，可以运用鱼骨图的模式进行相关原因的解释。第三，对原因解释的检验批判及讨论根据解释采用必要的变革，这些改变如何运作、以什么顺序进行，并制定改变的期限。第四，保存每一次的记录并在期末时进行整体反思和评价。

反思的环节除需要正确的程序外，还需要克服恐惧面对自己弱点的心理，否则就会变成一次敷衍无意义的总结。对于很多人来说，隐藏自己的缺点，指出他人的问题已经成为一种批判的习惯，但真正的强者是理解自我批判和反思的重要意义。华为的任正非在 2008 年的《从泥坑里爬起来的人就是圣人》中的一段话能帮助我们看到反思中自我批判的真谛：

20 多年的奋斗实践，使我们领悟到了自我批判对于一个公司的发展有多么重要。如果我们没有坚持这条原则，华为绝不会有今天。没有自我批判，我们就不会认真听清客户的需求，就不会密切关注并学习同行的优点，就会陷入以自我为中心，必将被快速多变竞争激烈的市场环境淘汰。没有自我批判，我们面对一次次的生存危机就不能深刻自我反省、自我激励，用生命的微光点燃团队的士气，照亮前进的方向。没有自我批判，就会固步自封，不能虚心吸收外来的先进东西，就不能打破局限性，把自己提升到全球化大公司的管理境界。没有自我批判，我们就不能保持内敛务实的作风，就会因为取得的一些成绩而少年得志、忘乎所以，掉入前进道路上遍布的泥坑陷阱中。没有自我批判，我们就不能剔除组织流程中的无效成分，建立起一个优质的管理体系，降低运作成本。没有自我批判，各级领导不讲真话，听不清批评意见，不学习、不进步，就无法保证做出正确的抉择和切实的执行。只有长期坚持自我批判的人，才有广阔的胸怀，才有长期坚持自我批判的公司，才有光明的未来。自我批判让我们走到了今天，我们还能向前走多远，取决于我们还能继续坚持自我批判多久。

个人和团队在反思中成长，坚持自我批判面对真实的自我，然后用谨慎的态度对待自己每一次学习成长的经验与问题。反思是自我精进的成长，也有助于反思者保持个体的独立性，是个体逐渐接受和尝试脱离舒适区以局外人的身份看自己的过程。杜威在《民主主义与教育》一书中关于反思的价值有一段话是这样说的：反思的时机在于个人对进行中的事情的参与，而反思的价值又在于使自己置身于所观察的资料之外……只有逐步通过社会同情心的增长来拓宽我们的眼界，思维的发展才能包括我们直接兴趣以外的事，这个事实对教育具有重大的意义①。

3.5.5　课堂上激发学生的梦想和动力

什么人适合创业？什么人创业的成功率更高？国内外对创业者的素养和特质的研究众多，综合而言，创业者基本上都具备较好的身体素质、心理素质和知识等基本素质，也具备机会识别能力、决策能力和创新思维。有研究者将创业者具有的特质进行了分析整理，见表3-1。

表3-1　创业者具有的特质

序号	特质	序号	特质	序号	特质	序号	特质
1	自信	11	影响力	21	决策果断	31	勇气
2	决心、毅力	12	关于与人相处	22	责任心	32	想象力

---

① 约翰·杜威. 民主主义与教育［M］. 2版. 王承绪，译. 北京：人民教育出版社，2001：145.

表3-1(续)

序号	特质	序号	特质	序号	特质	序号	特质
3	精力充沛、勤奋	13	积极主动	23	有远见	33	洞察力
4	足智多谋	14	灵活	24	准确	34	能忍受不确定性
5	能承担预计的风险	15	智慧	25	合作精神	35	争强好胜
6	有魄力和领导力	16	目标明确	26	以利润为导向	36	懂得享受
7	乐观	17	勇于迎接挑战	27	能吸取失败教训	37	讲求功效
8	有成就的需要	18	独立	28	权力感	38	奉献
9	多才多艺	19	乐于接受批评和建议	29	友善	39	信任员工
10	创造力	20	争分夺秒	30	自我主义	40	敏感

资料来源：DONALD F KURATKO, RICHARD M HODGETTS. 创业学：理论、流程与实践［M］. 6 版. 张宗益，译. 北京：清华大学出版社，2004：103.

我们可以归纳出很多成功创业者的共同点，但也无法解释在相同的创业环境下、具备相似素质的创业者的创业结果各不相同。在职业生涯规划中，有一道非常经典的霍兰德职业兴趣测试，大致内容如下：

有六个神奇的岛屿：

A 岛屿：弥漫着浓厚艺术气息的美丽浪漫的岛屿。岛上的居民还保留着传统的舞蹈、音乐与绘画。许多文艺界的朋友都喜欢来这里寻找灵感。

I 岛屿：人迹较少的适合沉思、冥想的岛屿。岛上有着许多天文馆、博物馆和科学图书馆。岛上的居民喜欢沉思，追求真知，是哲学家、科学家、心理学家等交换心得的地方。

C 岛屿：充满现代气息、秩序井然的岛屿。岛上建筑十分现代化，呈现进步的都市形态，有完善的管理制度。岛上的居民个性冷静保守，处事有条不紊，善于组织规划。

R 岛屿：保留热带原始森林的自然原始岛屿。岛上有着相当规模的动物园、植物园和水族馆。岛上的居民多以手工见长，自己种植花果蔬菜，打造器具制作工具。

S 岛屿：世外桃源般的友善岛屿。岛上的居民个性温和、乐于助人，岛上有非常密切互助的服务网络，人们注重教育，相互合作，充满着人文气息。

E 岛屿：显赫富庶的岛屿。岛上的居民热情豪爽，善于经营企业和贸易。岛上的经济高度发展，到处都是高级饭店、俱乐部、高尔夫球场，来往都是企业家、经理人、政治家、律师等。

测试对象被要求在 15 秒内，根据自己的爱好选出前三个想去旅游的岛屿。

六个类型的岛屿代表着六种职业性格特征。R 型的人愿意从事事务性的工作。I 型的人喜欢的职业是实验室工作人员、科研人员和程序员。A 型的人喜欢艺术类的工作。S 型的人喜欢从事与人打交道的工作。E 型的人喜欢领导或影响别人，成就一番事业。C 型的人愿意处于从属地位，进行事务处理。当然，霍兰德职业兴趣测试的解释说明非常详细。在课堂上，学生对霍兰德职业兴趣测试很感兴趣，学生会提出一个疑问："根据该测试，似乎 E 型的人是最理想的创业者。是不是说其他类型的人就不适合创业呢？"

在现实世界中，我们不难发现真正的创业者的类型并非如此单一。在笔者接触的许多成功的或普通的创业者中，有的人害羞、沉默、内敛，有的人情绪不定、反复无常，有的人固执又敏感……究竟成功的创业者应该具备什么样的特质，可谓仁者见仁，智者见智。因此，在课堂上，笔者侧重于以下几点和学生进行深入的探讨：

第一，创业的三要素，即蒂蒙斯所提出来的创业者（创业团队）、创业机会以及创业资源。创业是不拘泥于创业资源的约束，寻找机会创造价值的过程。很多成功的创业者就是洞察到潜在的创业机会，利用资源成就一番事业。无论是就业型创业还是机会型创业，都需要创业者自身的激情、信念、素质和技能。第二，创业者需要具备激情、信念以及百折不挠的特质。很少有幸运儿能一次创业就成功，创业过程充满机遇与挑战，而创业成功之后的成就和满足感则是创业者最好的回报。第三，创业者的素养与习惯有关，有意识地制订并执行创业计划、设定目标并培养习惯将增加创业成功的概率。当然让学生能透彻理解以上三点，需要创新创业教育者的教学智慧。

管理学大师德鲁克认为，一流的教师有两种：一种是有教学天赋的教师。他能敏锐地理解学生，同时也能让学生敏锐地理解自己所要习得的一切。另一种是掌握教学方法的教师。他可能不是一流的专家，却能培养一流的人才。可见，用不同的方法，产生的效果不同。在课堂上，作为创新创业教育者，我们首先是尽力点燃学生的梦想之火。

3.5.5.1　开启梦想：原来创新创业离我们很近

《荷马史诗》中有一句话：如果目标是太阳，就算无法射中，箭也不会落在咫尺之内。可见远大目标的确立对行动力的影响。学生来到课堂，如果是有很强的动力，比如"我希望我能学到想学的""我想改变世界""我想影响他人""我想发财致富"……有这些动力，学生的积极性较高，投入学习的热情也较多，课堂上的学习的效果较好。当然，对创新创业的理解，从广义上来说应该是以创新为核心去成就自己的一番事业，但很多人的理解还是偏重创办新的企业。对于大部分的大学生而言，这一群体对将来的职业规划仍在懵懂之中，他们很难理解创新创业对自身的意义与影响。教师可以针对创业的定义与内涵，以中国共产党的创业过程为例进行双创教育启蒙，学生会深受感染，从课程思政的视角理解创新创业教育。除此之外，教师也要让学生具备一定的世界眼光，了解到未来全球化的创业先锋正逐渐年轻化，大部分创业家不仅年轻且接受了高等教育。对于年轻人来说，较好的教育背景、充沛的精力以及视角的开放性是他们创业的优势。此外，女性创业案例比比皆是，女性在企业管理层的机会均等已经是热议的话题，女性的柔性和耐力也是创业精神中非常重要的因素。创新创业教育不是大学学习生涯中的某一可以被忽略的部分，而是串联大学学习生涯和职业生涯的重要环节。因此，创新创业课程的导入阶段是一次契机，即唤醒学生对创新创业好奇心和行动的契机。

因此，在课程导论部分，笔者根据长期的教学经验、反思以及培训学习所得，总结"观、问、绘"三段式教学法，尝试激发学生的创新创业学习热情。第一，"观"，即观看人力资源招聘公式图，分析理解创新创业人才与新型人才的统一性。无论是创业还是就业，都需要制定一份好的规划。学生理解自己需要做什么建立在理解社会需要什么人才，而自己拥有什么资源的基础上，创新创业教育是将个人的理想和社会实际有机结合，帮助学生真正了解自己，学会评估、把握机会，创办管理项目，从而更好地经营自己的人生。第二，"问"，即从生活中衣食住行的角度问时代的变化，走出校园进入社会的个体在应对时代的变化时应具备什么能力。这个问题也是学生在大学进入期间需要思考清楚的问题。在这个环节里，教师可以用案例分析的方法让学生领悟到职业生涯规划和创新创业规划在某些程度上是统一的，都应该把握三个主要内容：自己能够做什么、社会真正需要什么、自己拥有什么资源并如何更好地利用自己的资源和发展自己的潜能。简言之，就是如何将个人的理想和社会实际有机结合，达到最大程度的契合。第三，"绘"，即我们可以把这一步看成未来创业规划的初次展望图。教师要求学生在对未来有一定了解的基础上，畅想未来的自己通过努力在认知、思维、能力等方面获得的发展，但是这些只能通过绘画的方式描绘。教师鼓励学生大胆想象。该任务由小组团队完成并由代表上台分享作品，培养学生的思考力、想象力以及表达能力。这个活动环节将舞台交给了学生，但教师一定要做到有的放矢，不仅需要观察学生的作品、倾听学生的发言，更要对每一个团队的成果进行客观点评，在点评过程中传递几个关键的信息：未来需要什么样的创新创业人才呢？一是具备上进、担当的品质；二是坚持不懈、意志坚韧；三是具备敏锐深刻的洞察力；四是具备综合宽广的知识面；五是进行严谨求实的实践探索。教师的赋能往往能产生意想不到的效果。

3.5.5.2   设置目标：梦想不是异想天开

创新创业教育需要想象力，但一定不是漫无目的、天马行空的想象力。激发学生的创造力是为了达成课程的目标。针对大一新生，教师的教学目标不一定是完成一份项目计划书，但却还是要求学生要以团队的形式完成项目任务。"以人为中心"相信人的成长性和自我实现的动力，但也不能忽略人的惰性。因此，每一次课都需要学生完成项目拆解之后的任务，形成项目闭环——在生活中寻找机会、在判断中筛选项目、在测试中不断迭代、在现实中接受变化。教师对每一项任务都限定了时间、人数和完成质量标准，力求做到每一项任务的完成都是学生认知的突破、思维的锻炼和行动的实施。如果要达到哈佛大学认为的大学教育的效果——大学应该提供的一种教育是赋予学生较多的专业技能，并使学生善于观察、勤于思考、勇于探索，塑造学生健全完善的人格——那就一定要设计好创新创业教育的一系列适用于课堂教学的实训任务。学生团队将每一项任务的完成步骤分为：线上知识点掌握，课堂互动巩固，明确任务，查阅资料并制订计划，决策、实施、检查与控制，完成任务并获取反馈。教师的工作步骤为：搭建线上理论教学平台并完善教学资源、发布任务、观察与参与、评价并反馈、任务结束之后的赋能。与其他专业实训课程不同的是，创新创业课程的任务偏重意识、思维、价值观塑造以及相关技能的培育。以第一次创新创业导论课为例，课程的教学要点是厘清创新、创业的内涵与关系，任务是创业者未来素养画布。当教师明确任务之后，学生团队在有限的时间和空间里，利用身边资源进行想象与规划。在这个过程中，团队会逐渐出现领导人物并讨论任务的细化和分工。其中，可能会出现一些争论，毕竟每一个人对未来的规划各不相同，这就需要领导者在其中协调沟通，理清先后次序。教师在场域内观察，如果有需要则进行指导。小组完成任务之后进行分享，教师进行有效的点评并将任务评价用积分的方式呈现，纳入期末考核。每一项任务之间都是层层递进的关系，当完成至期中阶段，任务的叠加就成为实践项目的基础技术。例如，创新教育任务的完成将进行创意设想和实地调研。这样的授课方式在很大程度上能让教师观察到每一个学生，拉近教师和学生之间的距离。

对任务的反馈和评价并不是仅仅考核任务的完成度和效果。考评的维度还涉及团队合作、个人态度、批判思维、抗挫折力等。教师要不断澄清创新创业的过程是遵循科学、依照创新创业的客观规律进行探索的过程。创新创业不容半点马虎和空想。因此，秉承优秀的人格品质，做到严谨求实，遵循事物的客观规律，从实际出发并知行合一才是创业者应该坚持的一贯准则。

3.5.5.3　持续坚持：挫折教育和自我激励

"以人为中心"并非永远给予学生鲜花和掌声。尊重人性的另一面，是认识和直面人不愿意面对失败和挫折从而逃避的态度。例如，高校课堂教学中常见的课堂沉默和坐后排的现象。在某些创新创业课堂上会出现以下场景：

教师站在讲台上讲授书本上的知识。学生大都从第三排落座。前面两排座位空荡荡的，最后一排座位上的学生有几个在趴着休息，有几个戴着耳机，每一个人的手上都拿着手机。突然，教师不说话了，课堂里很安静，倒是这个时候，很多人都抬起了头，因为大家都感受到了课堂的沉默。教师停顿了半分钟，然后问了一个问题，没有学生举手主动回答这个问题。教师有些尴尬地笑了一下，然后说："不如这样吧，我把问题发布到线上平台，你们在上面回答，给你们五分钟的时间作答。"大家很默契地继续沉闷。教师也在讲台上低下头看自己准备的教案，轻轻地叹了一口气。

对于高校的教师而言，课堂的沉闷以及学生无声的排斥是对其教学能力的打击。个体面对挫折消极的反应在某种程度上就是对自尊的保护。当教师作为教育者受到来自课堂的冲击与压力时，最好的保护就是寻找其他原因。例如，是因为本身所教授的课程是通识性课程，这种课"水"一点较为正常；学生的不积极主要是对课程的不感兴趣；现在的学生沉溺于网络游戏；教师更重要的还是科研，教学的瑕疵可以忽略……这种"合理化"的解释能让教师走出自身教学能力和效果的痛苦困境中，同时也可以让其采取麻木的态度对待这种挫折。但是，作为高校教育者，只有培育自身积极的心态才能更好地培育和提升学生的抗挫能力和自我激励能力。也就是说，对学生进行挫折教育和自我激励的教师，是本身的内心能量要强大。面对自己的过错与挫折时，教师应能很好地自我调整和自我激励。学生通过对教师的眼神、表情、动作和语言，如点头、微笑、轻拍学生的肩膀等来感受到教师的能量，从而做出改变。例如，一个双创教师的课堂改变如下：

教师走进教室看到教室前三排的座位是空着的，学生习惯性地靠后坐，这是很多课堂的常态。教师扬起眉毛，对着大家说："请大家往前面坐好吗？"显然大家是不愿意的，没有一个人起身往前坐。于是教师走到教室的后面说:"那好,从今天开始,我就在教室后面讲课了,大家可能要扭头看我,脖子会有一点不舒服。"这一下,后面几排的学生陆陆续续起身坐到了前排。教师重新回到讲台,微笑地说:"谢谢大家的配合。"

以人为中心的创新创业课堂会经常运用某些创新的方法活跃课堂氛围,避免课堂的沉闷。教师用这种方法来释放某些教学压力和挫折,无形中也让学生感受到了教师的教学动力。当然,除教师的言传身教外,在课堂教学环节安排挫折教育和自我激励的训练环节才能真正锻炼学生的韧性和持续性。教师需要了解在实施这些训练环节时所要注意的事项如下:

首先,教师要设计出适合大班教学的课堂抗挫折训练和激励环节。一般来说,创新创业教学都是大班教学,尽管用分组的方式为学生提供一个较为自由且相互合作的环境,但学生在进行相关训练时仍会有害怕失败承担责任或后果的心理负担,从而出现有人浑水摸鱼的情况。教师不仅要时刻观察,在发现学生有失落或逃避时,还要及时用肯定的眼神、鼓励的动作让学生重拾信心。

其次,教师要根据创新创业相关主题(创新思维、同理心、创业团队、创业机会与风险、整合资源等)设计抗挫折和激励训练项目。目前,流行于高校课堂的训练项目多借鉴国外开发的项目,如棉花糖塔实验、糖果历险记以及 SYB 项目中的沙盘游戏等。这些项目有很好的实践价值和意义,但因缺乏中国传统文化的支撑,有时会出现水土不服的情况。大力开发适合中国大学生的创新创业项目也是双创教师任重道远的教学责任。

最后,教师要做好详细的实训记录并及时进行复盘。适当地完成抗挫折训练让学生逐渐掌握自我激励的方法,能够帮助学生更好地理解期末要完成的创新创业项目的难度和可行性,最大限度地扭转学生对创新创业项目的错误认知。对于很多学生而言,期末的创新创业项目就是任务型指标,但当他们的双创素养、能力得以持续性发展时,他们才会更好地完成到后期项目的工作，并将这一过程视为逐梦行动。

3.5.5.4 坚持阅读和思考的习惯

正如北京师范大学李芒教授所言，学习是一个绽放的过程。教师应该把学生的绽放状态激发出来，最终才能实现教师和学生、学生和学生之间的良好沟通，达成良好的教学目标。要达成良好的教学目标，教师就需要明确学生有一定认知的沉淀，有接受信息的能力，也就是我们所说的打基础。阅读，就是打基础的第一步。在创新创业课堂上，教师应该在课程导入时就指导学生做阅读计划并为学生提供阅读目录或阅读书库。教师对阅读书目进行内容上、形式上、方法上的分类，保证学生可以较为科学地、有条理地进行阅读。另外，双创教师可以在每次课堂前后一定时间段内进行阅读分享，一方面了解学生的阅读情况，另一方面运用苏格拉底的提问方式引导学生进行独立思考。

在网络发达的今天，在高校课堂上完成教学训练任务的应对方式之一就是在网络上借鉴现成的答案。学生会没有自己的观点和见解，所有的方案都是大同小异的。教师布置阅读任务，学生的读后感基本上也会东拼西凑，这样的行为背后就是疏于思考。如果失去思考的习惯，那么创新就无法真正实现，更无法谈培养人的境界与胸襟以及创新精神。大量的阅读一定要基于主动的思考。这对双创教师提出了更高的要求，教师对所推介的书籍要形成自己的观点和体系，才能提出激发学生思考的问题。这些问题不是在网络上或书本上常见的问题，而是学生在网络上无法查找现成的答案必须动脑筋思考的问题。我们来看以下这位创新创业教师的思考和收获：

在课堂上，我要求学生带着思考的大脑读书——几乎每一个人读完一本书之后需要绘制书籍的思维导图并提出自己在阅读时发现的问题。但是，我马上发现了问题，很多学生直接抄袭网络上现成的答案，然后我就

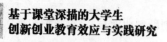

看到千篇一律的成果。于是我设计阅读思考题，虽然这在无形中给我增加了备课的时间和精力，但也更好地锻炼了我的阅读习惯和深度思考能力。

大学生创新创业，贵在有想法、有说法和有做法，这要求大学生一定要勤于思考，善于发现机会并不断创新。点燃美好的梦想，美好的梦想变成现实，其中的过程可能是快速的，也可能是漫长的，但不变的是需要付出努力。创新创业教师要帮助学生明确目标并清晰规划，每一个学生都应该知道什么时间做什么事情。在课程的学习与训练过程中，学生在团队中学会表达、观察、沟通，遇到困难时以积极的心态面对并努力找突破口，做到适当取舍、量力而行。只有这样，每一个团队才能真正脚踏实地，仰望星空，将创新创业的梦想变成现实。

3.6 小结

"以人为中心"的创新创业课程教学有其自身的教学理念、教学核心以及教师标准。在本章，笔者集中分享相关的教学案例和深描，探讨教学中的困惑、思考与收获。当然，这一切都建立在一定的理论基础之上：人本主义的学习理论、认知心理理论、合作教育学理论、情景学习理论、创新思维理论等。总之，理论的支撑是为了更好地实践。我们需要不断从具体的教学实践方面进行沉淀和反思，进行改善和精进，这样也是为大学生的创新创业保驾护航，使他们的道路越走越顺利。

4

创新创业教学课前准备及案例选择

　　本章从科学、严谨和引起教学对象兴趣并参与的角度考量创新创业课堂教学选用的教学案例及教学方式。第一节的研究重点是以创新创业教育教材为蓝本——尽管创新创业教育教材众多，但基本的教学内容已经沉淀，主要从创新和创业两个层面进行教学——梳理创新创业教学课程的每一章的教学目标、重点、难点等。第二节的研究重点是基于创新创业教师团队的教学实践、累积经验和实地检验，针对每一章的难重点提炼并开发一系列的关于创新思维、创业价值、创新创业能力提升等相关的案例和练习。第三节是笔者对这些案例及练习在教学过程中的注意事项或教学反思的总结。

4.1　创新创业课程教学应用教材分析

　　对于创新创业教育教学而言，教材建设十分重要，它是双创教育思想、内容、方法的集中表现，也是有效开展课堂教学的基本保证。高等院校开展创新创业教育改革，素质教育是目的，人才培养方案是重点，师资队伍是保障，课程体系是基础，教材建设是核心[①]。国内外关于创新创业教育的教材十分丰富，我国高校创新创业教育大部分纳入全校大学生公共基础课程，基本不分学科类别和专业特点选用统一教材，其中包括李家华主编的《创新创业教育》，姜彦福等主编的《创业管理学》，李时椿、常建坤主编的《创业学理论、过程与实务》，陈永奎主编的《大学生创新创业基础教程》，雷家骕等主编的《技术创新管理》等。这些教材的内容与结构大体相同，均以创业过程为主线，从意识培养、能力培养、准备过

---

① 张培彦，薛国芳. 高校创新创业教育教材建设路径研究［J］. 创新创业理论研究与实践，2020
（2）：1-4.

程、实务锤炼、成果形成等环节进行深入浅出的描述和阐述。这些教材注重理论与知识的系统性，强调内容的新颖性，突出实用和创新的内容，逻辑清晰且论述严谨。众多教材建设研究者对国内教材建设也提出了一些意见与建议：一是从教材的内容和结构上来看，教材应更突出学校特色，充分融入实训内容，并以学生的成长为中心，提升学生的体验；丰富创新创业类教育的培养目标，针对当代大学生的成长环境，充分利用现代化的网络技术和社交媒体等工具进行创新创业线上线下混合推广；教材内容应从内容融合、队伍融合、形式融合、平台建设、机制保障五个维度，促进课程思政与创新创业教育课程深度融合[①]。二是从教材的建设形式来看，教材应更加重视学生的参与度和过程收获。吕阳（2013）调研高校学生参与度，就建立现代教材理念、重建高校教材体系、提升高校教材质量等方面提出创新创业教材建设建议[②]。三是从学生的学科性质和专业特点来看，创新创业类教材的理念缺失。例如，向清清（2019）研究发现，将创新创业教育融入地理教学，对培养学生回乡创业的兴趣和意识有显著效果，不仅增强了学生的创新创业能力，对激发地理学科的学习兴趣也有很大的帮助[③]。结合以上学者的观点，我们不难发现，创新创业教材需要立足当下，在理解当下创新创业环境、大学生身心状态、相关研究现状等基础上，聚焦方向的引领——思维、能力和价值的引领，做到理论联系实践，在争取各领域专家的合作开发的前提下，全力优化项目案例和实训环节，不断提升教材的质量。整合以上研究观点，中南林业科技大学创新创业学院的祝海波教授带领其教学研究团队，用了五年时间进行教学打磨和教材编写，

---

① 宁德鹏，何彤彤，何玲玲，等. 高校课程思政与创新创业教育课程深度融合路径探赜 [J]. 江苏高教，2023（4）：102-106.

② 吕阳. 基于高校学生参与度调查的高校教材建设研究：以创新创业教材为例 [J]. 中国出版，2013（22）：62-64.

③ 向清清. 乡村振兴战略背景下高中地理教学融入创新创业教育的研究 [D]. 贵阳：贵州师范大学，2019.

于 2023 年编著《创新创业基础》教材。在本章的研究中，我们以该教材
为蓝本进行实训案例的选择确定。

相较于同类创新创业教材，该教材具备以下四个主要特点：

第一，该教材以人为本，注重创新精神、创新方法、创新技能以及设
计思考等方面的教育教学，其内容分为创新篇和创业篇。创新篇相对完整
地进行了创新学、创新过程、创新技能的系统梳理。目前，大多数教材强
调创业学教学，对创新学知识讲授较少，甚至没有。该教材融合创新学和
创业学基础知识，将创新学基础知识用创新、创意与创造，创新思维，设
计思维，TRIZ 理论四章内容进行重点讲授（见图 4-1）。

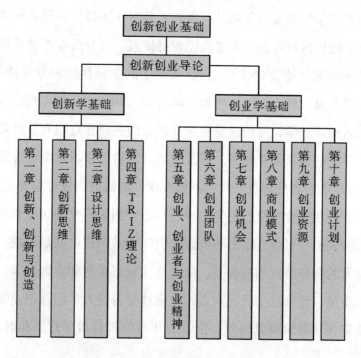

图 4-1　《创新创业基础》教材结论

第二，该教材注重实训，案例不仅是事项呈现，更是基于实践能力提
升的互动教学实训环节。该教材的理论知识集中于上册，而下册则以训练

与拓展为主，要求学生在课堂或课后完成。这部分项目或内容均为社会生活中的实际案例或场景，目的是鼓励学生主动思考和观察现象与问题，引导学生运用创新理论思考问题解决方案，有效完成从创意到解决方案，再到产品服务，最后落地到商业运作的训练。

第三，该教材全过程努力融入课程思政。该教材在每章均设置了课程思政的教学目标，在每章都融入了思政元素。

该教材的内容丰富、结构完整，并提供教学资源。该教材每章包含知识拓展（拓宽学生视野）、案例研究（教师、学生案例分析素材）、实训（用于学生课后或课堂训练）。不仅如此，该教材还建设丰富的试卷库、课后自学视频、作业库、创业案例库等。

第四，该课程教学团队在教学课堂进行教学改革，开展线上线下混合式教学，课程的考核方式具有特色。该课程要求学生"以解决实际中存在的痛点、难点和堵点为指引"来确定项目，再以项目为学习导引，完成课程学习。成绩评定方式为：课程视频 $A\%$ +章节测验 $B\%$ +讨论 $C\%$ +考试 $D\%$ +分组任务 $E\%$（其中，$A+B+C+D+E=100$）。学生需要按质按量完成在线视频或音频任务。章节测验是从题库里任意抽选题目，取学生章节测验平均分。每个学生在规定时间内完成系统题库自动组成的试卷。学生按 3~7 人自由组队，每队要形成创意项目上报任课教师。每个小组在线上学习过程中，需要根据每章的内容对本组项目进行修改。学生以小组为单位完成创业计划书、创业计划路演和创业项目短片（VCR）三项任务，其考核内容与分值为：创业计划书 60%，创业计划路演 20%，创业项目短片（VCR）20%。其中，各部分都有相对应的考核内容和计分办法，比如创业计划书考核的主要内容为项目痛点、创意构思、调研验证、产品模型或项目设计、商业应用五个方面，重点考核形式是否完整规范、项目是否充实新颖。这种考核方式极大地调动了学生和老师的积极性，也增强了学生对项目的参与度和实操能力的培养。每年课程小组项目都申请了大学生创新创业训练计划项目或参加了创新创业类竞赛。

4.2　以人为中心进行教学实践案例设计

1978 年的诺贝尔经济学奖得主赫伯特·西蒙首次将设计作为职业教育的一部分，他在《人工科学》中提出自然科学研究事物的本质，而设计则理解事物应该是什么。可以说，在这个世界上，除大自然外，其他的都可以被人类设计，设计可以成为职业教育的核心。在西蒙研究观点的基础上，斯坦福大学设计学院将设计思维总结为一套以人的需求为基础的创新方法，该方法应用于设计公司的日常工作流程，广受消费者的欢迎。从理论的研究到实践的应用都说明将设计思维定位为创新创业教育的一部分是较为科学与规范的，相较于制定管理目标并对实现目标的过程进行组织、跟踪、修正的管理思维而言，设计思维强调满足人对美好生活的需求，从而创新探索形成方法论系统。设计思维关注人的体验感，这与现代高等教育以学生为中心的核心理念相一致。在商业世界中，我们经常发现生产者有一种疑惑：明明已经很努力地生产出产品，但是消费者却并不满意。这种现象非常常见。曾经红极一时的柯达公司在胶卷时代的市场份额占据全世界的 2/3。1997 年，柯达公司的市值达到 310 亿美元。柯达公司在辉煌时期并没有停止科研的脚步，它申请了一万多项专利。很遗憾的是，柯达公司似乎没有做错什么，但时代发展的趋势却让它败下阵来。如果深层次探索柯达公司失败的原因，就是它需要进行设计思维的创新，也就是说它要真正理解客户的内在的、真实的需求是什么以及需求的变化。

这个过程与当下的课堂教学变化呈现一致性。许多大学教师对课堂教学效果抱有一定悲观和焦虑的态度，一方面教学和科研的压力逐渐增加，另一方面教师面临大学生课堂沉默和隐性逃课。

20世纪90年代，西方学者研究发现了中国大学生课堂上的沉默现象。以学生为中心的合作学习及课堂讨论互动在东方课堂上很少出现，但是这样的大学课堂塑造了很优秀的大学生。面对课堂沉默，有研究者聚焦中西方文化差异，提出在中国大学的课堂上易出现的"老师讲很多、学生很少发言，学生发言会紧张且有压力"的缘由并不能"仅仅从教育视域中对行为取向和技术取向进行现象式挖掘"①。这样单一的分析会归纳出中国的"学习者对课堂上的教学漠不关心"②。基于实证研究的梳理，研究者认为，中国的大学课堂沉默背后的易被忽视但至关重要的一点是中华文化中的谨言慎行。也就是说，中国的大学生在表达方面较易自我控制，在课堂上进行质疑没有受到相关训练和关注，呈现出延迟性和克制性。但是，这种课堂沉默并没有导致学习效果的下降，这也较为符合中华民族的传统特质。因此，关于中国大学生特有的课堂沉默表现，研究者建议要构建中国式的注重倾听和参与的优质课堂。

相较于学生学习效率较高的课堂上沉默内敛，教师更多面对的是具有普遍性、隐匿性且危害性极大的隐性逃课——学生按时出勤，看似认真地坐在自己的座位上，但是只专注于自己的事情，对教师的教学内容充耳不闻，呈现出"形在而神不在"的现象③。曾有调查研究证明，在不同类型的高校中，有相当数量的学生都曾经隐性逃课。大学生承认他们会在课堂中出现精神游荡的现象。如果说有教学实施者和监督者的课堂上都可以出现隐性逃课，那么线上教学的效果又能如何保证呢？

---

① 吕林海.中国大学生课堂"沉默"背后的"谨言慎行"倾向 [J].苏州大学学报，2020（1）：85-97.
② 李婉芹，汪雅霜.大学生课堂沉默影响因素的质性研究 [J].山东高等教育，2018（3）：54-66.
③ 周琦.目标与手段的背离：大学生"隐性逃课"的社会学分析 [J].当代青年研究，2001（3）：54-58.

　　隐性逃课表现为以下几种形式：第一类是上 A 课做 B 课的事情，上 B 课做 C 课的事物。学生以自己的经验判断的实用标准来衡量课堂课程的重要性。因此，他们会有选择性地在课堂上进行错位式的学习。如果不细致观测，教师往往会觉得这类学生非常刻苦认真，但如果进入深描，教师则发现这类学生往往在做其他事情。这类学生自认为他们是在做正确的选择，因此对这种逃课行为几乎没有任何心理上的自责或羞愧，"听老师讲课就是在浪费时间，还不如自己学习对自己有用的知识、干对自己有益的事"①。第二类是无所事事。很多大学生从目标明晰、学业繁重的基础教育进入知识密度大的高等教育，一时间无法较好地适应学习模式和节奏的转变，从而失去学习目标，成为大学课堂的边缘人。这些学生倾向于坐在后排，那样更方便他们走神或睡觉。第三类是电子设备娱乐者。当下的年轻人都是在网络世界中成长起来的，课堂上较为复杂高阶的教学内容催生了学生的畏难情绪，很多学生难以抵挡智能手机娱乐对其带来的极大的刺激和快乐的满足。正如社会学家保罗·罗伯茨在《冲动的社会》中所说，网络技术"让人通过最少的努力，快速获得最高水平的瞬间快感的能力"。如果没有强大的自律能力，大学生无法抵制这种能力带来的影响。当然，这种用智能手机娱乐来满足快乐需求的行为最终带来的是对学业的焦虑。这种焦虑又会通过期末考试的临时突击得以释放。这也导致了课堂异化的怪相，教师很难辨认学生究竟是认真的还是懒惰的，毕竟学生之间相互影响和效仿，当有人破坏了课堂的管理规则却没有得到有效制止时，就会引发其他同辈的模仿。就此现象，研究者们提出了要采取有效的措施激发师生情感的投入，创建以师生和生生关怀为导向的课堂教育生态体系。

　　以上的研究结论给我们的课堂实训设计提供了思路。无论是参与还是

---

① 刘茜. 大学生缘何不恋课堂[EB/OL].(2002-09-05)[2024-08-20].https://www.gmw.cn/01gmrb/
2002-09/05/09-E6760F34FF66C9BB48256C2B00022BC5.htm.

关怀，凸显的都是重视课堂中每一个人的价值——人的认知、技能、情感、思维等方面的提升。用设计思维的步骤设计创新创业课堂教学的实践练习，其逻辑起点源自我国的高等教育以学生的发展与成长为中心，其设计的关键点在于解决我国大学生课堂上的沉默现象和隐性逃课。教学设计者通过同理心理解学生对该门课程的真实认知与需求，这里不是简单的学情分析，而是站在学生的角度去理解学生。教学设计者在收集到各种需求后进行深入分析，提炼要解决的真正问题。创新创业教育学科相对年轻，其课堂教学重点不是对认识的提炼、精准表达以及记忆。通过直接观察，双创教育者不难发现，学生对双创教育教学的期待也是偏向于动手实践和游戏化的体验。设计思维的教学内容就包括沟通及沟通的技巧。在进行大量的访谈后，我们发现，在创新创业课堂上运用新颖、创新的游戏并不一定完全满足学生的需求，我们需要进一步考虑哪一些练习重点嵌入在哪一个章节的学习，该练习的教学效果是否达到了教育者和学习者的预期目标。因此，我们在同理心和概念界定的基础上，设计实践练习，通过一段时间的实施后，在实施过程中进行深描观察和测试，以此观测我们的教学实验是否有效。

4.3　创新创业课堂教学过程中的案例阐述

教学研究设计团队在创新创业教育的课堂中设计了若干种教学实践练习，笔者将其中具备代表性的练习进行阐述。有些练习基本是在其他练习基础上进行一定创造和调整，有些练习则是设计者根据自身的理论基础和教学经验的原创。这些练习分别是造雨破冰、变化的世界和四年后的我、寻找团队和队友、振兴我的家乡、创新思维拓展、同理心的观察练习、人格特质与团队契合、搭建棉花糖塔、获取糖果历险、创意产生和路演。以下笔者将详细阐述这些练习的设计目标、学生特点、相关准备和练习过程等。

4.3.1 用于课程开始的团队破冰练习：造雨破冰

（1）描述。本练习源于百森教学法中的造雨练习。教学者进行一定的理论与实践加工，在第一次上课的课堂上与学生进行了有趣的练习。这样能帮助学生更有创造性地思考问题并倾向于进行小组合作。本练习的理论基础源于心理学家詹姆斯的理论——行动改变情绪，让学生共同合作创造毛毛雨、小雨、大雨以及狂风暴雨的情景，让学生之间破冰并激发活力。

（2）学习目标。本练习拟达到知识目标、技能目标和思政目标。知识目标为使学生理解创新、创业的内涵，了解创新、创业两者之间的关系。技能目标为使学生理解并尝试创新创业课程项目教学，培养学生的创新思维能力、理解能力。思政目标为让学生学会积极思考与动手实践相结合的学习方法，养成主动探究问题的习惯，培养创新思维能力和团结协作精神。

（3）学生特点。

①学生对创新创业有初步的、较朦胧的认识，但对其内涵和意义并不熟悉，尚未形成创新思维能力。

②大学生学习能力、执行能力很强，但是他们的社会阅历、创业经验基本为零，面对社会上各种创业书籍、互联网时代海量创业资讯的甄别能力和自我定位能力不够，对学习缺乏主动性，并且在学习过程中对自己的学习进行调节、监控的能力较弱。

③学生基础参差不齐，有的学生理解能力较好，有的学生理解能力较

差，需要教师化难为简，表述通俗易懂，并引导学生理论联系实际，勤于思考。

④学生初步形成了民主、平等、互助的学习气氛，有利于教师在课堂上开展形式多样的教学活动。

（4）材料清单和学生准备：无。

（5）练习过程。

教师发布任务："如果我们现在要在教室里下一场雨，我们应该怎么做？"学生开始思考并说出自己的答案"在下雨天把屋顶掀开""用水管把洗手间里的自来水接过来"等。教师继续提问："有没有其他的方法？"学生继续发言。

当大家想不出来时，教师邀请学生和自己一起造雨，要求学生和自己一起做动作。教师做什么，学生就做什么，在造雨的过程中教师的动作会越来越快，学生不能有任何间歇。

第一轮，教师宣布是毛毛雨。教师掌心搓掌心，学生开始模仿。第二轮，教师宣布是小雨。教师打响指，学生开始模仿。第三轮，教师宣布是大雨。教师双手鼓掌，学生开始模仿。第四轮，教师宣布是狂风暴雨。教师双手鼓掌并跺脚，学生开始模仿。至此，教师开始加快指令速度，并变化指令的顺序，学生要在很快的时间做出正确的反应和动作，在重复的过程中气氛达到顶点，不断有学生发生错误，游戏在欢笑声中结束。

（6）结束之后的思考方向。

①为什么没有想到其他如"声音"的造雨方式？

②为什么只想到自己怎么做？

③为什么没有想到团队的力量？

学生进行有效的自我反思和沉淀。

4.3.2 用于创新能力教学中的案例训练：变化的世界和四年后的我

（1）描述。刚进入大学一年级的学生对创新创业懵懂而好奇。教师在带领他们了解创新和创业的定义与主旨后，对学生进行一个交互式的挑战，帮助学生进一步了解所处的变化的环境——不确定性的环境中如何形成自我成长和学习的能力。在本练习中，学生通过教师的引导和自组织的讨论了解世界发展的特性，并开始进行思维联想，想象四年后自己的状态，并用绘画的方式呈现出来，然后走上讲台用自己的语言表达出来。这个练习训练学生的想象力、表达力以及理解力。

（2）学习目标。知识目标为遵循知识"必需、够用"的原则，要求学生了解创新的基本过程，了解并熟悉"互联网+"时代创新模式及其思维的变化，深化对未来自我的创新认知。思政目标为加强学生对创新过程及模式的感性认识，构建创新来源于实践又作用于实践的辩证意识；培养学生科学严谨、大胆探索、勇于创新的良好个性心理品质；培养学生合作学习的习惯，注重团队意识。

（3）材料清单：若干张白纸、彩笔。

（4）学生的特点。授课对象是大一新生，作为刚进校的学生，他们对创新创业基础这门课程以及练习的内容都是陌生的，可以说没有初始知识和能力。学生的知识水平具有差异性。因此，教师在教学中应尽量创造条件和机会，让学生充分发表见解，激发学生学习的积极性。

（5）学生准备。线上教学内容的提前学习。

（6）练习过程。第一轮，教师运用多媒体软件播放《这是一个迅猛变化的世界》短片，让学生直面"乌卡时代"[①] 的特点：易变性、不确定

---

① 乌卡时代（VUCA）是指具有易变性（volatility）、不确定性（uncertainty）、复杂性（complex）和模糊性（ambiguous）的时代。

性、复杂性和模糊性。教师提出问题让学生思考并讨论："你在哪些方面体验到这个时代快速的变化？"在学生讨论理解的基础上，教师进一步引领学生思考："我们究竟需要什么能力适应这个不确定的时代？"教师提升学生批判性思维能力。第二轮，教师让学生完成任务："四年后的我。"学生想象四年后的自己大学毕业将去往什么地方、从事什么职业，用绘画的方式呈现四年后的自己的意识、思维、能力、态度。教师要求学生只能画出来，不能使用文字或字母表达。第三轮，教师随机邀请学生带着自己的画作上台进行展示和演说，从而训练学生的表达能力。第四轮，教师增强学生之间的互动，邀请听的学生提问或发表自己的感悟。

（7）结束之后的思考方向。

①想象和现实之间是否存在差距，如何缩减这些差距，从而锻炼我们的执行力。

②大一新生是懵懂的、好奇的、迷茫的，进行科学有效的职业生涯规划非常重要。

③如何观察生活，发现生活中的不确定性，快速对计划和行动进行改变或调整。

（8）关键要点和教学提示。在第一轮练习中，教师的教学设计较为重要，教师要针对学生的认知特点进行有效的语言设计和资料准备。当代大学生对时代的变化缺乏敏锐的感知，教师要让他们跳出以往的惯性思维，用宏观的视角和微观的感知了解世界快速变化和复杂局面，这是本次练习的关键。另外，在学生进行绘画创作时，教师不宜站在讲台上等待，而是应该在教室中来回走动并随机观看学生的创作过程，不时进行面对面的建议、指导和提问，鼓励学生个体发挥想象力并进行表达。此外，学生上台进行展示和表达较为关键。传统方式是教师点名或邀请认为作品有代表性的学生上台进行讲解，但对于成长于互联网时代的大学生而言，这样的方

式很难调动他们的好奇心和积极性。教师可以借用学习通工具进行随机选人，让他们进一步体验不确定性。

4.3.3 用于学生团队建设教学中的案例训练：寻找团队和队友

（1）描述。本练习包括四个任务：团队初成立、一起来沟通、一笔画一画、形成团队故事。这四个任务的完成为学生提供了一个寻找自己队友组建团队并塑造团队文化的机会。学生在完成任务的过程中需要突破自我，创造性地寻找解决问题的方法并逐渐适应团队协作的过程，进一步理解沟通在团队合作过程中的关键作用。这个过程也是个体重新自我定义的过程，既有个体的领导力在任务完成中呈现出来，也有个体的执行力和行动力得以展示。每一个个体在团队中找到自己的定位和完成自己的使命。

（2）学习目标。技能目标为帮助学生掌握快速创建团队的方式，了解在团队建设中应如何培养创新思维，掌握沟通中几种常见的方式。思政目标为培养学生的团队使命感，适应团队协作。

（3）材料清单。教师需要提前做好人数的估算，确定分多少组、每个组多少人。教师根据具体的情况准备相对应的字母纸张或其他纸张道具及彩笔。

（4）学生准备。学生事先可以多进行朋辈沟通和交流。

（5）练习过程。教师可以先询问学生希望如何分组，因为熟悉度和思维惯性，学生大部分希望按照自己的想法进行分组，也就是按照熟悉度自我寻找队友并组队。

第一轮，教师展现道具纸张（可以是扑克牌碎片、若干字母纸张碎片、若干文字纸张碎片），随机发给学生，让学生在有限的时间内拼接纸张，寻找属于自己的组织。这一环节可以允许学生互换纸张，同时也鼓励学生拼接出有创造性的纸张。教师根据学生完成任务的时间长短进行计分。

第二轮，学生基本上都能找到自己的团队，教师请每一个团队的成员坐在一起，发布第二个指令：在不能说话交流的前提下，团队成员要按照出生日期（年、月、日）进行队伍排列。规则是全过程不能发出任何声音，年纪大的学生坐在前面。教师根据学生完成任务的时间长短进行计分。

所有团队完成任务后，教师要求学生坐好并保持安静，然后提问让他们进行思考："一开始是怎么做的？后来是怎么做的？为什么要调整？有没有观察别的组？在这个过程中，你是在以谁的想法为主？沟通除语言外，还有没有其他的方式？分别是哪些？你觉得这个任务难做吗？为什么？你们现在能不能选出你们的队长，为什么选他？"

在该环节，学生有了自我的体验，并在脑海中初步有了关于领头人的设想及要求。

第三轮，教师给每一个团队分发一张白纸和若干彩笔，并发布任务，请每一个成员按照前后顺序一笔作画，即一笔画出一个图案。成员之间不需要任何口头解释，完成作画任务后就交给下一个成员作画。教师强调作画过程中既没有好与坏，也没有对与错，请每个人在上一位成员的基础上进行加工即可。该环节有时间要求，根据学生人数的多少教师将时间限定为5~10分钟。

第四轮，教师发布任务，请每个人根据自己所画完成故事接龙。这个故事既可以是团队文化的故事，也可以是团队创业的故事，故事的衔接要较为自然，并与自己的画相关。同时，教师提出要求，每个人都要参与，并只说一句话。

这个要求对于个体来说挑战不小，一方面要进行二次创作，另一方面要逻辑自洽。每个人要认真倾听前面的队友都说了什么并在脑海里进行语言组织，保证用较为简洁的话语说出故事。学生体验到了紧张、害怕犯错等情绪，同时也体验到了在团队作战的过程中，每个人的表现都很关键，同时也理解了在团队协作过程中个体表现的不确定性以及自己对局面的控制能力。当然，这一环节也是容易出现"最强引领者"。也就是说，具备领导力的个体会在其中引领团队成员高效完成任务，并获得成功。因此，该环节结束后，教师要求团队成员推选出队长。

（6）结束之后的思考方向。团队成立的过程中难以避免地会产生沟通不畅，对于年轻的大学生而言，用什么方式尽快避免人际沟通的阻碍是大家需要思考和努力的方向。同时，团队中会存在个体的创新创业思维的局限，如何识别并破局，从而帮助个体更好成长呢？对于个体而言，个体能较为科学地自我设定和规划，但是因为差异性，在团队合作过程中，个体就会遇到与计划和预判不一致的情况，此时快速行动并调整计划的能力非常重要。

（7）教学提示。教师要有敏锐的洞察力，适当在各环节中提示学生时间限制。学生可能会抱怨时间限制，教师要告诉学生这种时间限制对提升学生解决问题的能力很有帮助。同时，在完成第三轮任务的过程中，教师要在教室里来回走动，并不断鼓励学生创造性作画，提醒他们作画是没有好与坏、对与错的。这样，学生就不会过于纠结与迟疑，可以在有限的时间里完成任务。在第四轮任务中，教师要注意有没有在口头表达方面较为吃力的学生，对于该类学生，教师可以尝试用鼓励的眼神或微笑的表情鼓励学生大胆表达。这些都是非常有意义的。

4.3.4　用于创新技法教学中的案例训练：振兴我的家乡

（1）描述。本练习包括三个环节：我的家乡美、我的家乡难、振兴我的家乡。创新思维与技法训练属于实践性很强的内容，需要教师运用课堂的情景模拟等方式让学生通过项目构思、筛选、打磨等环节达到"做中学"的效果。教师确定以"振兴我的家乡"为主题开展小组头脑风暴,锻炼学生的创新思维,使学生根植家国情怀,助力乡村振兴。教师以学生为中心,注重"育人为本,德育为先",着力调动学生的学习积极性和自主性,潜移默化地提升学生的思想道德境界。

(2)学习目标。知识目标为使学生内化创新思维与头脑风暴技法的相关知识点,掌握创新技法(头脑风暴)运用法则,深化对乡村振兴政策的理解。技能目标为使学生尝试运用创新技法产生创意构思,培养学生的创新思维能力、理解能力以及团队协作能力。思政目标为培养学生的创新兴趣,调动学生的学习积极性和主动性,使学生深刻理解甘于平凡、默默奉献的情感内涵;助力学生根植家国情怀,树立正确的政治理想和政治道德,养成大胆创新、严谨实践的学习作风,增强对未来工作任务的责任感以及为实现中华民族伟大复兴的献身精神;使学生学会积极思考与动手实践相结合的学习方法,养成主动探究问题的习惯,培养创新思维能力和团结协作精神。

(3)材料清单:无。

(4)学生特点。

①学生对什么是创新创业、创新思维与技法有了初步的认识,但对创新技法的运用尚不熟练,尚未形成相应的思维能力。

②学生对学习创新技法有很高的热情,能在老师的引导下开展学习活动,但对学习缺乏主动性,在学习过程中对自己的学习进行调节、监控的能力较弱。

③学生对创新创业课堂教学有很大的期待,大部分学生希望课堂教学形式和方法多样,能让学生参与其中并进行实践。

④大一新生对国家乡村振兴、大学生创新创业等相关文件精神学习、

应用能力不够，助推乡村振兴发展意识和责任感有欠缺，对教师的引导、指导依赖性比较强。

通过以上分析，教师在教学过程中时刻观察和反馈，当学生的注意下降时要马上进行调整和集中，并引导学生通过思考、讨论以及收集资料的方式获取创意构思的方向，在熟悉乡村振兴战略的基础上，结合"互联网+"创新创业大赛中的红色筑梦之旅赛道，培养大学生主人翁意识和投身家乡建设的奉献精神。在课堂上，教师着重给学生播撒"种子"，赋予学生力量，等到他们羽翼丰满的时刻，有能力充分利用乡村丰富的资源，为乡村振兴贡献自己的力量。

（5）学生准备。学生通过线上学习，对头脑风暴这一创新技法有一定的认识和理解。

（6）练习过程。教师带领学生重温头脑风暴的步骤和规则。教师特别说明：组长记录、脱口而出、以量取胜、不许评价。

第一轮，以小组为单位，进行头脑风暴。主题为"我的家乡美"，各小组成员将头脑中有关于家乡美的想法说出来，由组长记录，直到不再有任何新的观点为止。组长将记录表发送至学习通平台。教师通过屏幕投放，大家可以了解每一个人的家乡景美、物美、人美。

第二轮，学生以小组为单位，进行头脑风暴。主题为"我的家乡难"，各小组成员将头脑中的所有关于家乡现状难、发展难的地方描述出来，由组长记录，直到不再有任何新的观点为止。组长将记录表发送至学习通平台。

第三轮，学生在家乡美和家乡难的基础上，进行小组头脑风暴。主题为"我的家乡，乡村振兴"，各小组成员将头脑中的所有想法说出来，由组长记录并上传学习通平台。

（7）教学提示。教师在教室观察并现场指导。乡村振兴战略是党的十九大报告中提出的战略。乡村振兴包括产业振兴、人才振兴、文化振兴、生态振兴、组织振兴。教师指导学生在这五个方面进行创意构思。例如,种养业。种养业有很广阔的发展前景,特别是在政府重视的背景下,相信会出台一系列利好政策,从而鼓励更多资本投入种养业中。又如,营销网络化。当下颇有人气的网络营销莫过于直播、新零售和网红营销。此外,云旅游、跨界卖货、网红带货成为农旅和康养项目抢滩的"新蓝海"。再如,农村物流。相关文件提出了加快农村物流、冷链物流等基础建设工作,这会给相关行业带来风口。此外,定制农业以绿色、有机农产品为载体,用会员制拓展用户,是一种顺应新需求的农业模式。它的卖点并不只有农产品,还可以吸引城市人前来体验、观光、消费,与旅游、养老、文化等产业深度融合,带动乡村振兴。

(8)结束之后的思考方向。头脑风暴后,教师讲述现实生活中大学生回乡创业的故事,激发学生对家乡的热爱及奉献之情,引导学生积极主动承担社会责任。师生观摩短视频《禾下乘凉梦》,教师带领学生感悟科学家袁隆平的家国情怀。

4.3.5 用于创新思维教学中案例训练:创新思维拓展

(1)描述。本练习整合创造性思维训练经典项目,主要分为五个环节:九个小圆点连线、20个圆圈作画、情景文案创作、联想创意产生以及创意评估训练。本练习基于创新思维"需要训练、奉献精神和实践"的观点,通过连线、作画、书写、表达等训练学生思维的流畅性、灵活性、细致性和原创性,并将训练环节与生活实践相联系,注重学生思维训练,促进学生深层次"做中学""学中做"。特别是本练习最后的创意评估训练,为师生提供了一个非常好的学习工具并激发学生的学习兴趣。

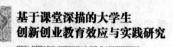

（2）学习目标。知识目标为使学生理解和沉淀创新思维的特点与性质。技能目标为使学生掌握并能熟练使用产生创意的具体方法。思政目标为培养学生的创新兴趣，使学生感到掌握创新技能和方法的趣味性与实用性，从而调动学生学习的积极性，使学生克服畏难厌学情绪。

（3）材料清单：空白纸张、彩笔、电子通信工具。

（4）学生特点。学生对创新创业这门课程具有强烈的求知欲，教师在教学中尽量创造机会和条件让学生充分发表见解，激发学生的学习兴趣。

（5）学生准备。学生已经学习课程的线上教学内容。

（6）练习过程。

第一轮，教师发布任务，学生在限定时间内完成九个圆点的连线练习（见图4-2）。到时间后教师公布参考答案，该环节会有学生提出自己的想法和答案，合理即可。

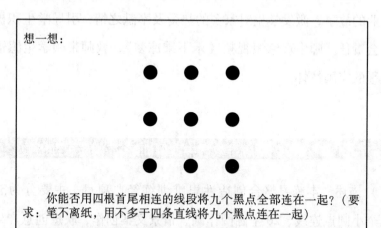

图4-2　九个圆点的连线练习

第二轮，教师发布任务，学生在限定时间内对20个圆圈进行二次加工，使之成为可以识别的图片（见图4-3）。该任务没有参考答案。教师进行投屏，学生可以看到每一个人的作品。

试一试，这是一个画圈游戏：将下面所有圆圈加工成可以识别的图片。例如，你可以画一张脸、一只眼球、一个轮胎

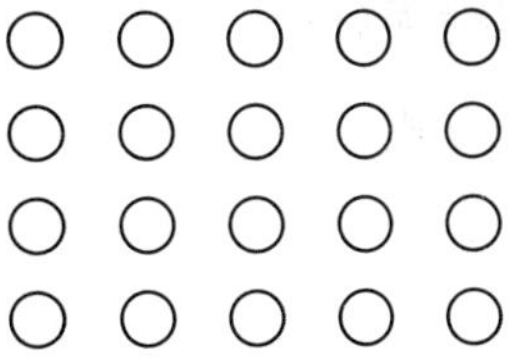

图4-3　20个圆点的连线练习

第三轮，教师带领学生重新回顾创意产生的方法。教师发布指令，要求学生在限定的时间内运用语言文字、图像以及声音，根据教室窗外的风景和教室内在的环境，用几句话完成"此地、此景、此情"的文案创作并上传到学习通平台。学生可以看到每一个人的作品。

第四轮，教师展示20张日常物品图片（例如，汽车、电脑、手机、羽毛球拍等），发布半开放式的指令：学生在这些图片中任选一张，在五分钟内运用所选图案中物品的工作原理或特性，设计一款新型的_____。学生将产生的创意想法发布至学习通平台，可以相互观看。

第五轮，在学生分享创意的同时，教师提供评判创意的标准。该标准参考李奥贝纳全球产品委员会评分标准。该标准提供了一个明确的框架和尺度，包括10个要点，"1"为最低，"10"为最高，也是最难达到的。我们课堂上的创意评估标准根据课程要求和学生特点进行调整。

李奥贝纳全球产品委员会评分标准：

①它具有破坏性。

②它没有创意。

③我看不见创意。

④我不了解这个品牌目标。

⑤我了解品牌目标。

⑥它是一个明智的创意。

⑦它创意独特而且制作精美。

⑧它改变了人们的思考方式。

⑨它改变了人们的行为方式。

⑩它改变了世界。

课堂创意评估标准：

①它具有破坏性。

②我看不见创意。

③现实生活中已经有相关创意。

④我能理解这个创意的目的。

⑤它是一个有意义的创意。

⑥它创意独特。

⑦它的制作精美。

⑧它改变了人们的思考方式。

⑨它改变了人们的行为方式。

⑩它改变了世界。

学生相互扮演评估者，根据标准对创意作品进行打分和评估，并写上自己的评语。在这个过程中，学生之间必须有谈话交流，才能更充分地了解创意者的想法和观点。

（7）关键要点和教学提示。本训练旨在培养和训练学生的创造性思维，教师需要在教室里观察学生创作并鼓励学生形成不同的答案。有部分学生可能会出现畏难情绪从而不认真答题，教师要关注到这个群体并及时提醒。在创意分享和评估之后，教师要对某些作品和评价意见进行点评，并在此基础上做出归纳和总结。

4.3.6 关于设计思维章节的实训练习：同理心的观察

（1）描述。设计思考要以客户的需求为核心，运用同理心站在客户的角度看问题并产生创意。该理念由斯坦福大学设计学院提出并得以验证。本练习在学生掌握设计思考概念和特点的基础上，让学生体验直接观察并进一步理解观察的背后以人为本的精神。本练习包括两个任务：一是观察人物图片并在小组内展开讨论；二是以情景演练为载体，学生观察台上的演练并对人物的行为背后的意义做出解释。将观察等方法作为数据搜集的方式在人文社会科学领域有着悠久的历史。关于人类学习过程创新的研究不断深入，许多研究者重新认识到对用户和利益相关者的需求与欲望建立深层次理解的重要性[①]。对于新手而言，直接观察是一种很好的方法。

（2）学习目标。知识目标为使学生理解并掌握设计思维的要素与步骤。技能目标为使学生能熟练地运用设计思维。思政目标为加强学生对设计思维的感性认识，形成设计思维源于实践又作用于实践的辩证意识；培养学生科学严谨、大胆探索、勇于创新的良好个性心理品质；培养学生有同理心的思考习惯，体验个体自身的经验和情感对观察结果的影响；使学生在理解同理心的基础上，观察生活，拥抱青春。

（3）材料清单：人物图片、观察练习指导说明。

（4）学生特点。授课对象是大一新生，作为刚进校的学生，他们的学习能力、执行能力很强，但是他们的社会阅历、创业经验基本为零，面对社会上各种创业书籍、互联网时代海量创业资讯的甄别能力和自我定位能力不够，对学习缺乏主动性，并且在学习过程中对自己的学习进行调节、监控的能力较弱。他们在学习中表现出鲜明的"听过的会忘记，看过的能

---

① BECKMAN S，BARRY M. Innovation as a learning process：Embedded design thinking ［J］. California Management Review，2007（1）：25-56.

记住，做过的才能学会"的特征。因此，课堂教学应该重视"让学生动起来"。

（5）学生准备。学生完成设计思考线上课程任务。

（6）练习过程。教师要求所有学生举起双手的食指，用食指比画"人"字给教师看。该任务非常简单，但是大部分学生会出错。教师让学生左右相互检查，学生会发现自己用食指比画的"人"字在对方看来是一个"入"字。教师再一次强调，以人为本的同理心是设身处地站在对方角度看问题，之后进入观察练习。

第一轮，教师陆续在大屏幕上展现人物图片，每一张图片让学生观察5~10分钟，并回答以下问题：你看到了什么？你感受到了什么？他的需求是什么？你有没有观察到一些细节？你觉得你的感受有没有影响你的观察结果？

第二轮，教师随机抽选一位学生和教师进行情景演练。教师扮演一名顾客，而学生则扮演一名奶茶店的店员，其演练过程是教师买一杯奶茶的过程。在演练过程中，教师提醒学生注意以下问题：你注意到什么细节了吗？你感受到顾客真正的需求是什么？如果你是店员，你会问什么问题来佐证你的想法？你可以改进你的观察过程吗？练习结束后，如果还有时间，教师可以让学生进行反思性的评述或表达。教师对学生观察记录做出评价，评价学生的报告是否客观准确、描述是否细致入微、是否发现了问题或创新点，并给予专业指导和建议。教师对学生进行有针对性的反馈和指导，鼓励学生发现更多有价值的观察点和创新点。

（7）关键要点和教学提示。学生起初会认为观察任务非常简单，但是在教师的指导和提问下，学生才体验到细致观察的挑战。每一张图片在不同人的观察下会呈现出不同的解释和意义——"一千个人的眼中有一千个哈姆雷特"，学生体会到自己的经验和情感对结果的影响。本练习对教师提出了更高的要求，教师要补充许多提示，比如如何用结构化的框架进行观察记录和访谈记录，并且教师要提供足够的时间让学生观察和体验。

4.3.7 关于创业团队的实训练习：人格特质与团队契合

（1）描述。本练习可以帮助学生在进行人格特质测试后对自己在团队中的角色定位有所评估。对于大学生而言，快速找到自己的角色定位并且理解团队核心精神和规则十分重要。本练习分为三个阶段：人格特质测试、重组西游团队以及团队人员定岗。这种训练设计摆脱了传统的课堂教学模式，实现了教学目标的多元整合，使教师创造性地使用教材，真正达到用教材教而不是教教材。教师在对教材充分理解的基础上加以合理的处理，把静态的知识动态化，体现了新颖的教学理念；把学生作为课堂的主人，改变了学生的学习方式，呈现出学习方式的多样化。

（2）教学目标。知识目标为使学生理解创业团队的重要性。技能目标为使学生掌握组建团队的原则并组建团队。思政目标为培养学生的团队精神，使学生了解中国传统文化。

（3）材料清单：人格测试题及评估参考。

（4）学生特点。授课对象为大一新生，他们较为热情，但也比较迷茫。他们期待与同龄人交往，却又担心志不同道不合，话不投机半句多。如何给他们创造一个相互交流的机会，巧妙地指导他们用最快的速度找到相互匹配的合作伙伴，用任务环节让他们彼此磨合紧密连接。这些需要教师在平时勤于思考，反复琢磨，用环环相扣的任务达成效果。

（5）学生准备：无。

（6）练习过程。

第一轮，教师进行人格特质测试。测试题由大屏幕呈现，每一道题目

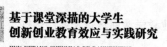

选择是或者否即可，根据选择进行分数计算并评估出主要的人格特质。教师在讲述某一个人格特质时，主要强调与"他人携手合作"中的表现，几乎每一种人格特质都有其性格的优点与缺点，因此没有好坏与对错之分。学生在了解各种人格特质的过程中也对自己在团队中的角色定位有更深入的理解。

第二轮，团队集体讨论并选择。假设唐僧重新去西天取经，原有的团队成员不能再次参与，唐僧要重组团队，下面的前来竞聘的人物是否合适，学生说明理由：唐太宗、魏徵、秦叔宝、韩湘子、六耳猕猴、白骨精。学生团队在讨论和选择的过程中了解组建团队成员需要考虑的因素，如资源、素质、能力、理念、品格等。课堂氛围热烈，将较为枯燥的理论原则变为善于理解的认知理念，同时也重温了许多历史人物及文学作品中的人物的故事与典故。最后，教师总结好的团队要有共同的价值观；要有脚踏实地、一步一个脚印的心态；要有好的团队带头人；要有荣辱与共的思维；要以团队利益至上，按规则办事；要有不断进取的学习心态，让团队真正成为一个学习型组织；要有大家能共同认可的规则，并且彼此信任。

第三轮，团队成员设计组织名片，确定每一个人在团队中的角色和岗位，制定团队宣传口号。确定这些要素之后，团队成员协调完成团队文化海报设计，并上台进行团队文化展示。所有学生投票，选出明星团队。

（7）关键要点和教学提示。学生在进行人格测试后逐渐强化了团队角色相关理论，他们更清楚自己是谁、适合与什么人合作并更好地找到自己在团队中的岗位。教师在学生进行人格特质测试时要不断强调测试结果没有好与坏和对与错，并告知学生不要在测试题目上停留思考太久。几乎没有哪个团队能在重组西游团队那一轮任务获得满分，因为参考答案是所有的竞聘者都不适合进入西游团队，理由与创业信念、创业能力、忠诚度等相关。教师在进行解释的过程中也是对中国传统文化的一次重温。

4.3.8 关于迭代创业的相关练习：搭建棉花糖塔

（1）描述。本练习取材于美国百森商学院的棉花糖塔练习。教师给每一个小组发放相同的材料，让团队之间互相竞争，看在限定的时间内哪个团队能搭建顶部放有棉花糖且最高的"塔"。本练习用于证明在不确定的环境下创新创业者采用实验和迭代学习的方法发现有关环境的信息。在本练习中，通常大部分学生将时间用于设计棉花糖塔的结构，在最后才开始搭建，结果在最后一刻才发现设计的结构根本不能支撑棉花糖而进入"危机"模式。最终成功的小组则往往是一边搭建一边迭代。也就是说，在商业世界中，有一种创业方法被称为精益创业，迭代创业以此来进行市场检验。

（2）学习目标。知识目标为使学生掌握迭代创业的概念和内涵。技能目标为使学生掌握运用实验迭代的技术，熟悉计划和行动之间时机的把握。思政目标为使学生培养抗挫折的韧性。

（3）材料清单：每一个组分发材质一致的 20 根意大利面，一米长的胶带和一米长的细绳，一把剪刀以及一个棉花糖。教师需要配备一个测量尺。电脑屏幕有倒计时表。

（4）学生特点。学生初步产生自己的创意项目并有计划蓝图，他们往往对自己的项目颇为满意，但没有获得市场验证。他们虽然在认知上了解了精益创业的概念，但在经验上缺乏体验。

（5）学生准备：无。

（6）练习过程。教师将材料分发给各个小组，介绍任务目标：用手中的意大利面、胶带和细绳搭建最高的独立结构——塔，这个独立结构的顶部必须要放上一颗完整的棉花糖并保证塔不能倒塌。任务的规则是棉花糖要位于塔的顶部并不能被破坏。小组成员可以按照自己的选择使用教师提

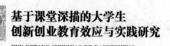
供的材料，材料可以被折断或切断，但小组成员不能使用其他外来的材料。任务时间为 18 分钟，时间截止后小组成员不能继续搭建，也不能碰触作品。

第一步，教师宣布任务目标和规则后启动秒表，小组进行任务挑战，教师在教室里走动并提醒时间，观察所有小组的动态。

第二步，倒计时结束后，教师要求所有人停止工作并坐好。所有人将看到每一个组的最后作品。

第三步，教师测量作品高度并做好记录，宣布获胜的团队。

第四步，小组经验分享和细节回顾。教师首先从失败的小组开始询问以下问题：在搭建棉花糖塔时你们的流程是什么？你们花费大量的时间在干什么？其中是不是存在什么问题？为什么计划中没有看到风险和问题？教师在询问每个小组的过程中寻找各个小组之间的共性和差异。最后，教师介绍，这个挑战的创造者在全世界范围内邀请了几万人体验，发现最佳执行者是工程师，因为工程师的专业性让他们能更高效地完成任务。其次是刚毕业的幼儿园的学生，他们在不确定中尝试通过搭建验证自己的想法，在"做中学"，并像搭积木一样创建有趣的结构。最差的执行者是刚毕业的商学院的学生。他们关于结构的知识有限，在不确定的环境中他们按照自己的经验觉得应该要形成缜密的计划，于是他们花了大量的时间做计划却不得不在短时间里搭建塔，当他们最后把棉花糖放在塔的顶端时，才发现棉花糖的重量比他们预计的要重很多，从而导致塔坍塌的可能性增大。

（7）关键要点和教学提示。在任务开始之前，教师要反复强调规则，因为小组中会有成员想要打破规则，声明规则的严肃性是关键。在任务进行中，教师要随时观察细节并做好必要的处理。在任务结束后的分享环节，教师要让学生自己领悟到在不确定的环境中，计划和行动之间的关系，有时候行动比计划更重要。

4.3.9　用于资源与风险的练习：获取糖果历险

（1）描述。本练习分为两个任务：第一个任务是给学生提供一个封闭式的交互联系，让学生制订一个方案并进行资源获取；第二个任务是将学生获取的资源变换为糖果，学生以团队形式回答问题，教师根据对错进行糖果的奖励和收取，让学生体验把握创业风险的难度。本练习让学生了解资源的类别和重要性以及竞争过程中应该建立的风险意识。

（2）学习目标。知识目标为使学生了解资源的基础理论知识，学会评估不同资源的价值和稀缺性。技能目标为使学生学会制定资源获取的方法。思政目标为触发学生对使命担当的思考，增强学生的风险意识。

（3）材料清单：糖果、一次性纸杯、空白纸张以及资源清单讲义。

（4）学生特点。学生已经组建好团队，并习惯于团队合作，开展了创业机会的收集工作。他们当中有一部分人对创业的兴趣逐渐浓厚，并尝试在课余时间去研读一些创新创业类书籍，对于收集的创业机会有跃跃欲试的心态。但也有一部分人呈现出对创业不感兴趣的态度。如何调动落后者是教师应该审视的问题。

（5）学生准备。学生学习完线上学习资源与风险的知识点。

（6）练习过程。

第一轮，教师给每一个学生发放资源清单，请学生在教室里找清单上拥有某种资源的人，并邀请那个人把自己的名字写在清单资源名单的旁边。一个人不能拥有多种资源，但同一个人可以在多张清单上的同一资源上签名。学生的时间是 3 分钟。在此期间，每一个组中有一个人要一直安静地坐着，他也参与其中，但他不能在教室里来回走动，他只能等待别人来找他签名。

第二轮：3 分钟结束后，教师根据小组的签名总和来进行糖果奖励

（教师根据实际情况进行糖果分配，建议最高组奖励不超过 20 颗糖果，最低组奖励不低于 10 颗糖果）。

第三轮，教师提问并让学生分享：在争取资源时有什么感受？什么资源容易获得，什么资源难以获得？哪些资源是稀缺的并且是最有价值的？你的资源获取战略是什么？有人不能在教室里来回走动，他获得了多少资源？学生通过思考和回答问题，理解资源的内涵和价值以及资源的宝贵性。

第四轮，糖果历险记。这一轮，有的团队会获得更多的资源，但有的团队却会损失惨重。每组利用所奖励得来的糖果和四个杯子，回答一系列问题，每道题 30 秒，觉得哪个答案对，就将糖果放入相应的杯子里。在这个过程中答题者不能借助手机查寻答案。放错杯子的糖果以及吹哨后仍然放在外面的糖果将被拿走。哪个团队的糖果多，哪个团队就是赢家。奖品就是杯子里的糖果。教师一般设置 5 个问题，问题内容可以涉及很多方面，但基本上问题的答案都具备高阶性，学生很难猜到正确答案。教师在这个过程中要进行观察和记录。

第五轮，教师对每个小组进行提问：你为什么成功或失败？如果回答一个问题就是一次投资，那你觉得你投资方面存在什么问题？如果要一次性大量投入，什么方法是最好的？最后，教师总结：创业包含一系列小的决策和风险，无论什么时候，风险及其管理都一直存在，创业者需要决策将资源投向何处。风险有时候来自欲望和贪婪，控制它们就等于控制风险。

（7）关键要点和教学提示。教师要提醒学生在获取资源前先要进行资源评估，即自己拥有什么资源、自己真正需要什么资源、从哪里并用什么方式获得资源。另外，教师要让学生清晰了解获取资源是需要方法和行动的，如自我宣传、资源互换、广而告之。安静地坐在那里是很难获取资源的。教师还要注意，学生起初会比较腼腆，不敢获取资源，教师的鼓励和时间的压迫会变得有意义。教师要提醒学生，不做出选择也是一种选择，最后资源会被收走。

4.2.10 关于双创计划产生及演示的练习：创意产生和路演

（1）描述：本练习时间跨度较大，分为两个阶段。第一个阶段是在团队完成创新学课程后在户外进行的实践练习，团队通过创新技法初步筛选出创意并进行客户观察和访谈，从而验证自己的创意项目的可行性并基本确定项目创意。第二个阶段是团队完成创业课程后撰写项目计划书，在教室内交互式联系。每一个团队上台并选出代表进行现场路演。路演包括项目内容的介绍——要解决的问题、解决方案、核心要点、价值主张和团队特色等。路演时间为五分钟，往往路演者的沟通技巧很重要，路演者的语音语调、精神面貌、肢体语言、表情眼神等将是路演的关键要点。路演之后观看的学生可以作为评委进行提问，路演团队则回答问题，从而帮助路演团队更好地发现项目存在的问题。每一个学生都会体验当听众和当路演者的感受，从而掌握改进绩效的必需技能、工具和表达方式。

（2）学习目标。知识目标为使学生更好地理解设计思考核心问题，掌握路演环节流程和注意要点。技能目标为使学生学会客户调研与访谈，初步掌握评估路演项目的技能和工具。思政目标为树立学生正确的价值观，树立个人对项目团队的信心，凝聚团队力量。

（3）材料清单：路演评估表（见表4-1）。

（4）学生特点。学生已经初步形成了自己的创业构思并基本掌握了创新创业相关知识，他们现在需要将头脑中的想法较为专业系统地表达出来。

（5）学生准备。学生在第一阶段前需要提前准备客户调研问卷或访谈提纲，在第二阶段前需要撰写好项目计划书和路演电子演示文稿（PPT）。教师将专门安排课程进行指导教学。

（6）练习过程。

第一阶段，学生通过头脑风暴等方法筛选出创意，运用O2O模式，在线上进行客户问卷调研，在线下进行面对面潜在客户访谈，验证创意是否真正解决客户的问题及其商业化的可行性。这一阶段的练习基本是学生在户外完成。

第二阶段，路演环节。展示团队派出代表向班上同学展示创意，其他同学根据路演评估标准进行评估并记录意见和建议。五分钟路演后，听众举手提问，问题围绕项目展开，展示团队进行回答。答辩环节的时间也不宜过长，由教师控制。所有路演环节结束后，学生现场进行投票，教师宣布投票规则，并现场宣布投票结果。教师邀请排名前三的团队上台分享感悟。教师进行项目点评，主要围绕创意特点、路演表现以及路演PPT制作规范等方面进行点评。教师的后续工作是挑选优秀作品继续打磨进行教学服务。

（7）关键要点和教学提示。学生在第一阶段时往往会有畏惧感，他们担心对陌生人做访谈会被拒绝或被无视。这对于学生来说是一种挑战。因此，在这个过程中，教师的督促和检查很有必要。学生在第二阶段起初是沉闷的，而且无法很好地把握路演时间，教师需要设定主持人来缓解路演者的紧张并由主持人来把控时间。学生在路演的过程中会暴露出一些经验不足的漏洞或缺点。教师的鼓励和理解尤为重要，教师要允许学生犯错并及时纠正。

表 4-1　路演评估表

项目	考核指标	指标说明	分值	得分
产品创意设计	创意背景	详细分析了社会发展中存在的某个问题，并对此提出了解决意图，具有一定的社会意义	10	
	创意构思	系统简明地阐述了产品创意的内涵，具有一定的新颖性与独特性，基本能解决某类市场或客户的需求	10	
	顾客	明确描述目标市场和人群	10	
	产品模型	清晰定义产品概念、功能、特色以及价值，并基于创意画出了产品构造模型	20	
	差异化	清晰描述与其他产品与众不同的地方，具有核心竞争力	20	
	商业化运作	借鉴市场上已有的商业模式，制订了比较可行的产品模型市场化验证计划以及商业化运作设想	10	
	创意团队	创意团队构成合理，各成员的特长及爱好互补，成员协同合作	10	
	要求	融资计划合理，识别到具体数量的资金需求	10	
创意路演得分（满分100分）				

4.4　小结

在了解了教学对象的基础上，根据创新创业的教学理念、目标、内容以及师资情况，研究团队进行了课堂教学改革，提倡运用游戏案例的教学过程激发学生兴趣，开发学生的创新思维，培养学生的创业技能。课堂教学的场景和实效将在下一章运用深描进行呈现、分析并解释。

5

双创课堂教学过程深描与解释

5.1　双创课堂教学深描研究的背景探讨

新时代高校立德树人、全程育人的教育总方针深入各高校一线的教学课堂，教育部印发的《高等学校课程思政建设指导纲要》中提出课程思政要贯穿课堂授课、教学研讨、实验实训、作业论文各环节。高校教学一线的教师关于课程思政的教育教学工作研讨主要从两个方面展开：一是开展各类课程思政教学类比赛或成果申报，从实践出发，呈现课程思政的课堂效果；二是撰写课程思政教学实践论文或申报相关教改课题，从宏观或微观的角度总结归纳课程思政建设的特色、经验以及关注的问题。作为课堂的"局内人"，教师应始终在课堂，既是教学的参与者，又是教育的观察者。教师敏锐地察觉到课程的主体——大学生的某些共性在发生悄然的变化。捕捉其中的变异性是每一位大学教师应具备的"嗅觉"。同时，教师要根据这种变异性调整课程思政的教学思路，引领大学生，让他们从"自然人"走向新时代的"社会人"，尝试激发他们心里的创新精神、匠人精神和家国情怀。这是高校教师应承担的使命。

高校创新创业课程不仅是激发创新创业思维、提高动手实践能力的通识课程，更是深化高校教学改革的重要阵地，与课程思政在培养目标、教学方法、教学过程方面有着天然的一致性、互补性和融合性。"价值引领是创新创业教育的核心要义。"[①] 在这种天然的优势下，多元化的"创思专"三元融合的教学模式逐渐生成。

但是，我们不能忽略教学研究的若干实际性问题：在信息网络世界长大的"Z世代"成为大学生的主体，高校教师如何跨越代际的鸿沟与他们

---

① 段辉琴，冯丽霞，李昕，等. 高校创新创业教育课程思政实践探索 [J]. 北京联合大学学报，2022
　　（4）：34-37.

建立课堂的联系与互动呢？对这一群学生进行课程思政教学，教师如何成为参与式的观察者，本着一颗"局内人"的火热之心重燃教室里的学习热情呢？在一场又一场课堂对话中，教师运用的教学方法如何出现神来之笔？有没有出现过什么代表性的场景事件或教学问题？这些是本书的研究重点。

对课程思政建设的创新创业课堂研究，笔者将采用回归实事本身的课堂深描。深描通过对场景、微观层面和个案进行复杂且真实的描述性或分析性的解释，既充分尊重事实与证据，又摒弃抽象的概念，从而"获得对教学内在本质和实践路径的把握"①。

党和国家对创新创业教育教学的价值期待不局限在现实语境中的趋利性，而在于师生共创的意识、思维以及精神的形成，并驱动个体创建人生中最伟大的事业，从而为中华民族伟大复兴贡献力量。笔者所在的教学团队秉持立德树人的教学理念，在长达三年的创新创业课程教学中参与式观察，从"局外人"走向"局内人"，初步完成课程思政润物无声的融合建设。

5.2　研究对象与研究设计

课堂教学的参与者是学生和教师。在本书的研究中，教师对参与课堂学习的学生完成了家乡调研、自身认知和行为习惯的现场讨论总结与归纳任务，对近 3 000 名大学生的共性特点进行观察与描述。

（1）区域特色。大部分研究对象来自湖南省，其次以东北地区的学生居多。大部分学生认为，相对于 90 后的"前辈"而言，他们对自己的身

---

① 吴举宏. 从经验到证据：教学研究的现代转型 [J]. 教育理论与实践，2020（1）：61-64.

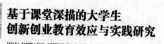

体和生活的掌控更为自主，因为可以依赖的网络工具众多。他们对事物有自己的想法，并且想法趋于多元而非一成不变。

（2）认知特点。大学生乐意接受新鲜事物，拥抱未来。他们大多从网络上接受碎片化信息，多局限于被动接受而不主动思考。他们不接受教师的权威。他们的认知差距很大，会因为成长环境和受教育的情况影响而产生认知差距。他们基本上对自我有一个较为清晰的认知。大学生成长于一个多元选择的环境，因此善于多角度看待问题，不是非黑即白。因为获取信息渠道较多，所以大学生乐于参考他人观点协助自己下结论。大学生比较倾向于分享，有较强的社会适应能力。但是，大学生群体缺乏格局观，体现出明显的精致利己主义。

（3）情感特点。一方面，大学生的情感体验较强，其思维方式、行为表征和价值观念附带互联网特征，习惯于在深夜的网络里抒发情感，但在现实生活当中则表现得较为内敛和有距离感，特别是在家庭亲情联结方面，呈现疏远感。大学生的爱国情感强烈，倡导理性爱国，规则和环保意识较强，认同中华优秀传统文化，有社会使命感，但缺乏冒险和创新精神。同时，大学生表现出精神压力大。这样的情感特点让该群体呈现出明显的人际关系问题，特别是宿舍矛盾频发，很难彼此谅解和协作。

（4）行为习惯。大学生既"佛系""躺平"，又竞争"内卷"。由于兴趣爱好多元，大学生会通过兴趣交友的方式找到同伴。大学生在消费方面不太理性，会为自己的喜好买单，但有时候又会在基本生活用品的消费细节处斤斤计较。大学生不太在意物质条件，更注重精神领域的成长。另外，该群体在家务劳动领域基本上习惯"躺平"。

（5）个性。相较于父辈，大学生没有了浓烈的理想主义色彩，取而代之的是物质取向和竞争意识。大学生自带互联网世界的幽默感，拥有多元个性，包容性强。大学生对成绩过度重视。大学生抗压能力和家庭责任感较差，因为缺乏吃苦的机会，普遍难以吃苦。

课堂教学教师的教学背景与特点描述如下：

A 老师，男，博士，48 岁，有丰富的教学经验和求学经验，曾赴美国某大学和中国顶级大学进行交流学习，对双创教育有深入的研究与思考。A 老师上课风格倾向于传统的知识传授，在"互联网+"时代，逐渐引导学生主动学习，是线上下翻转课堂的实施者。

B 老师，男，硕士，42 岁，海归教育工作者，身体力行于创业教育与实践。B 老师上课风格具有鲜明的个人特点，偏好于运用学术性语境设立某些权威意味和神秘色彩，其课堂偏向于教师主导型的教学传授风格。

C 老师，女，硕士，40 岁，海归教育工作者，有过企业工作经验，多年从事国际教育，近年来进入创新创业教育领域。C 老师注重自身的学术认知与思想道德水平的成长，认为教师的成长能引领学生的成长。

D 老师，女，硕士，38 岁，从事多年的双创教育和心理教育，没有海外教育或教学背景，以学生为中心，较为关注与课堂学生的互动并观察学生的状态，倾向于用苏格拉底的产婆术与学生对话，引发学生思考。

通过对四位教学风格迥异的教师的描述，我们不难发现教师与学生之间的年龄、知识、经验以及成熟度等方面存在难以跨越的差距，教师期待呈现的课堂氛围可能并非学生期待的。当在真实的课堂上开展多样化的教学活动时，复杂的、非对称的师生双边关系鲜活呈现：教师与学生某些期待与需求的落差、教师教学风格与学生接受程度的偏差、教师和学生在某些教学细节的共鸣、教师携手学生对抗平庸……此外，还有我们不得不面对和承认的教师与学生集体创造的课堂沉默。

为了对创新创业教育课堂教学的过程进行叙事式的、细节的深描，笔者采用了基于不同对象的案例研究（一种扎根现实情景，收集多种资料和证据，深度调查当下现象的经验主义研究方法），同时采用参与型和非参与型观察、文献分析等质性研究，然后"超越单纯的事实和表面的现象，用细节、内涵情感的综合，澄清一种倾向和组织行为所存在的意义"①，建立假设和理论。弗朗西斯·高尔顿认为，"个体的差异……才真正是重要的"。量化的社会分组统计的社会科学研究方法在简约和正确之间存在平衡，社会分组无法解释所有的变异性。因此，菲利普杰格认为，对社会科学最大的误解就是个案研究不能概括世界运行的规律②。本书的研究不注重探究个案的平均数等统计学意义，而是专注于深描之后问题的呈现和逻辑分析意义。

笔者作为参与者，进行课堂某场景的观察深描，材料源于笔者在课堂教学过程中的所见、所闻、所思、所感。笔者在课后会进行教学整理与反思，相关材料皆源于作者近三年的教学反思材料。

笔者作为访谈者，邀请教师和学生进行深度访谈。笔者基于多种课堂场景、教学感受等深描，去探索、描述和解释教学过程中的逻辑冲突，尝试找出课堂研究场景的改变策略。笔者在研究过程中，主要访谈的教师为上述某大学的 A、B、C、D 四位教师。笔者在对这四位教师的观察、反思进行场景描述之后，捕捉对于教师而言最为印象深刻的教学课堂场景画面，随后随机邀请每一位教师在课堂教学中的一位学生进行访谈。这些学生均为该校大一学生，完整参与创新创业一个学期课程的学习。笔者尝试从学生的视角呈现画面，并运用深描的方式进行分析和解释。

所有访谈由笔者在 2022 年 6 月完成，每一位访谈者的时长为 1~2 小时。笔者在访谈过程中经过受访谈者同意进行了全程录音，用于研究分析。本书中所有受访谈者的真实姓名、工作地点等关键信息都做了处理。所有的访谈经受访谈者的同意之后才进行文字整理，访谈过程较为顺利。

---

① YIN K. Case study research and applications：Design and methods ［M］. Sixth Edition. Los Angeles：SAGE, 2018.

② YIN K. Case study research and applications：Design and methods ［M］. Sixth Edition. Los Angeles：SAGE, 2018.

5.3　课堂教学过程中的场景深描

5.3.1　关于造雨破冰练习的深描

造雨破冰这个练习往往设置在课程开始时。通常，大一新生参加完军训后开始上课，彼此之间是一种陌生的状态。A 老师在介绍课程的目标、流程和要求后，就会进入造雨破冰的环节。A 老师向学生提出让他们想办法在教室里造雨时，学生们的反应是老师应该在出脑筋急转弯的游戏。不过，他们很积极地举手并说出自己的答案。有的同学会说直接接一个水管进教室就行了，有学生会说播放下雨的音频，有学生提议每个人喷口水，有学生认为应该把教室的屋顶掀开……这个场景较为热闹，甚至会有其他学生听到某些匪夷所思的答案后哄笑。A 老师等所有学生把想法说完之后并没有马上说出自己的答案。他要求大家伸出双手并按照教师的口令做动作。这个时候，有一些学生马上接受指令并伸出双手，但有的学生却没有做动作。A 老师继续发布指令，大部分学生跟着指令做动作，原本没有伸手做动作的学生也慢慢跟着大家一起动了起来。随着 A 老师的指令越来越快，逐渐有很多人跟不上节奏并做错动作。

"好，大家可以停下来了。"A 老师下指令，很多人笑着停了下来。教室里的气氛热烈，原本没什么交流的学生之间都会有一些互动，或者是眼神，或者是表情，又或者是语言的互动。"好的，大家安静下来，我们来看看……"A 老师的话语被教室里学生的窃窃私语所淹没，A 老师想大一点声音说话，但他又迟疑了，他在学生的脸上读到了兴奋的情绪。因此，A 老师给了他们一分钟的放松时间才继续后面的分享与反思。

当 A 老师和大家分享了关于情绪与动作的相关知识点后，有学生将这些记在了笔记本上。当然，A老师的重点不是讲授这个，他问同学的第一个问题："为什么我说造雨的时候，大家想到的大部分是雨的形态？"很多学生若有所思，对固化思维的理解有了新的认识。A老师继续问："为什么我说要造雨的时候，大家想的都是'我'该怎么做，而不是'我们'该怎么做？"其中的一个学生在笔记中写道："我从小到大的学习生活中，基本上是单打独斗的一个过程。尽管有过和同学之间的共同探讨和学习，但是基本上学习还是自己一个人的事情。确实，以后的大学生活中更多的应该是合作和配合。但是我如何在一个团队里找到自己的位置呢？我究竟应该是团队中的核心人物还是一个配合的成员呢？"

A老师继续问出了第三个问题："在我带着大家做这个练习之前、之中和之后，你们的感受分别是什么呢？"这个问题被抛出又再一次引来了一场大范围的窃窃私语，大家的感悟很多，都在彼此分享。A老师邀请了其中几位学生分享，分别是在练习之前不太情愿参与的B同学、在练习过程中跟不上节奏的C同学和一直坚持到练习结束的D同学。

B同学站起来后有几秒钟的停顿，他不断看向其他同学，似乎是得到了他人的鼓励才开口："我比较纠结，因此在练习之前我不太想动，因为我不知道自己能不能做好，我就干脆不去做。没有想到的是，跟着大家一起'造雨'的时候，我感受到了快乐和兴奋，特别是后面的节奏越来越快，我虽然有一些压力，但也觉得自己的表现并不是那么重要。"B同学的发言获得了掌声。于是C同学也站起来发言："当老师要我们举起手准备做运动时，我就猜到了是运用大家击掌的声音'造雨'。这个活动以前在高中的时候老师带我做过，不过那个时候老师是说通过运动调节一些我们高中时的紧张气氛。我原本以为我能做得很好，但是我很快就跟不上节奏了。这对于我来说还是有点打击的，不过没关系，我没有停下来，又继续做。"可见，C同学是一个愿意坚持和较为认真的人。D同学非常兴奋：

"我是坚持到最后的人，一次也没有出错。当然我知道这是大家一次合作的过程，但合作中也是有竞争的，我要跟上节奏并不出错，于是我集中所有的注意力，然后我就做到了。到了最后，我发现我的大脑跟不上我的动作，这个有点意思。"

这个练习 A 老师原本设计 15 分钟结束，但实际上用了大约半小时，学生的反应强烈，几乎所有学生都全身心投入进来。很多学生将这个环节融入班级或学校社团的破冰活动之中。活动让学生更好地理解了思维中的某些误区，同时让学生更好地理解了团队协作与竞争的关系。当然，活动也让学生对团队中的个人位置产生了疑惑和反思。这也是之后的练习环节应该解决的问题。

5.3.2　关于变化的世界和四年后的我练习的深描

B 老师曾体验过这个练习环节，他说："这个练习让我印象深刻，因此我认为有必要把这个环节引入我们的双创教学中。当时指导老师解释时代的不确定性时，她举了诺基亚的例子，并引用了当时诺基亚老板的一句话：'我们没有做错，但我们就是输了。'这让我更深刻地理解了敏锐的力量。于是在四年后的我这个环节中，我和我的组员很快找到了灵感，我们找到了绘画较出色的成员进行画图，并将我们的意愿用图案进行表达。总之，关于未来四年的我，大家都认为应该是十八般武艺皆有的超凡的能人。在展示的环节，队友们认为我的表达力是最好的，加上我也是一个愿意表达的人，于是我上台进行展示，展示是很完美的。当然这次活动几乎所有人都表现得很好。后来我反思道，一场练习的效果好不好，除其目标、内容、步骤设计完善外，参与者也非常重要。参与者的认知、素质、动机以及相关能力都需要与此匹配。这个观点在我此后的教学环节中得到了验证。"

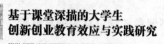

B 老师将这个环节加入了他的课堂教学中。其中一场是对大一新生开展的，另一场是在他的选修课上开展的。

在对大一新生开展的练习中，B 老师更倾向于带着学生一起先来了解乌卡时代。B 老师没有马上解释什么是乌卡时代，而是让学生进行自由讨论：近五年来生活当中的关于衣、食、住、行的变化。B 老师鼓励学生将自己的观点用学习通弹屏的方式进行展示，随后再进行归纳与总结。每一位学生在积极思考后都有所收获，为进一步探究新知识创造了一个良好的心理、思维和认知环境。然后，B 老师宣布以小组为单位，想象四年后自己的形象，并运用身边的资源绘画，进行分享。B 老师在活动之前不断提示学生不能用任何文字在画面上描述，所有的内容都需要画出来。不过，仍然有学生突破这个规则，用文字或字母进行呈现。在他们的画作中，更多的不再是呈现一个非凡的能人，而是以一种黑色幽默或实用主义的风格进行自我表达。因此，他们更喜欢用周围环境来衬托自己未来的样子：或者是某所高校的研究生，或者是都市的白领丽人……学生上台表达也呈现出他们这一代人的特点，他们不太喜欢用宏大的语言体系表达，而是用生活化的语言结构表述。有一个学生的上台表达给 B 老师留下了很深的印象。

B 老师请那个小组代表上台发言时，起初没有人上来。B 老师提高了自己的音量"如果不上台表达的话，小组的计分会有影响。"这句话有作用，很快有一个学生不太情愿地上了台。他将自己的手插在衣服口袋里说："我们小组认为以后是这个样子……"大部分的小组画作中出现的形象是戴眼镜、戴帽子，而且几乎都不会画上耳朵。学生们没有发现这个问题，就像他们在日常学习中也不怎么使用倾听的能力。B 老师在练习开始前就做了上台分享的说明，比如上台演讲的仪态以及口头表达的注意事项，但是学生们并没有听，上台仍然是我行我素。那名发言的学生一口气将他们小组的画作进行了说明："我们四年后，应该找到了自己想要的工作，我们的脑袋上没什么头发，因为都是用脑过度了……"等他讲完后，B老师问他为什么没画耳朵，他才恍然大悟，原来耳朵被他们所有人忽略了。这也反映出一个问题，现在的大学生不缺乏信息的传送，但是他们似乎没有太多耐心倾听，他们甚至在课堂上戴着蓝牙耳机，从而创造一个属于自我的世界。

对于B老师而言，更有挑战性的是在选修课上开展这个活动。B老师的选修课有高年级的本科生选修，也有一些双创类教师选修。开展该活动就出现了两种学生的学习状态。有一部分学生参与其中并踊跃发言，也有一部分学生根本就不愿意动手画画。到了分享环节，其中一名学生大步流星走上讲台。他没有展示任何的画作，直接开讲："我今天本来是有事情的，但我还是来上课了。我希望我在课上能学到'干货'，而不是搞这个东西，我觉得还是应该说一点理论性的知识或者其他的！"这个学生的话非常直接和莽撞，但是B老师面无表情地看着他，对这个状况做了一个冷处理。B老师说："这位同学分享完了，有请下一位上台。"B教师没有在下课之后去询问那位学生有什么意见和建议，他认为在课堂上任何教学设计都不是完美的，也不可能适应所有的学生。有学生站在自己的角度提出不满是一件正常的事情。让观察者意外的是，下一位上台的学生没有受到之前学生抱怨的影响，她反而更加积极地进行他们团队的展示，很快教室里的氛围变得热闹。观察者再一次将注意力放在那个上台抱怨的个体身上，他似乎被教室里的情景触动，较为认真地继续听讲。不过很快他就悄悄离开了教室，尽管那个时候还没有下课。

在这个过程中，作为教育者的B老师没有被轻易地扰动。当他面对挑战者时，他镇定温和的态度是有影响力的，冷处理的效果也较为明显。但是，我们也发现了这个环节并不适应每一个学习者，特别是一些具备一定社会经验的学习者。

5.3.3　关于寻找团队和队友练习的深描

在第一次的造雨破冰练习中，有学生反思和疑问："如何找到适合自己的团队并在团队中找到合适的定位。"这个疑虑并非个案，对于现在的大学生而言，有一个最大的生活苦恼就是处理人际关系。他们可能在网络世界里"互粉"[①] 或"种草"[②]，用非常时髦的网络用语和网友打成一片。但是，回到现实生活，特别是寝室生活中，他们却对处理人际关系感到苦恼。在 C 老师的教学生涯中，她曾遇到一个女生，该女生特地选择在下课之后找到 C 老师。该女生犹豫了很久才说："C 老师，我找不到自己的团队，没有团队会接纳和需要我。"C 老师拍了拍女生的肩膀鼓励她一定可以找到团队，结果女生却哭了起来："老师，我其实是个'废柴'。真的，虽然我考上了大学，但是我却什么都不会，特别是人际交往方面。我现在和我寝室的其他人关系都不好，早上上课时我睡过头了，他们没有一个人愿意叫醒我，等我到教室的时候迟到十几分钟了。您今天说我们是要团队作战的，那我一定会落单啊！"该女生的话让 C 老师很触动，为此 C 老师将寻找团队与队友这个练习放入接下来的课堂教学中。

C 老师上课时要求学生组队，大部分学生马上建议自己组队，当然也有学生说随机组队。C 老师笑而不答，拿出准备好的拼图道具发给学生。C 老师给学生五分钟时间拼出完整的拼图。结果一个小组只用了一分多钟就拼出了完整的图画并获得了第一名。第一名的出现给其他小组造成了一定的压力，很快第二个小组也完成了任务。几乎三分钟的样子所有团队都自动组合并完成了任务。不过学生有自己小聪明的地方，他们通过私自换

---

① "互粉"，网络用语，指用户之间互相关注，成为对方的粉丝。

② "种草"，网络用语，一是指分享推荐某一商品的优秀品质，以激发他人购买欲望的行为，或者自己根据外界信息，对某事物产生体验或拥有的欲望的过程；二是指把某一事物分享推荐给另一个人，让另一个人喜欢该事物的行为（类似网络用语"安利"的用法）；三是指某一事物让自己由衷地喜欢。

图片碎纸的方式进入自己想进入的小组。C老师观察到了这一点，她认为这就像一个市场，总有一双看不见的手调适结构。她默许了学生的这种行为。

到了第二个环节，C老师要求学生不能说话，按照个体的出生年月从大到小依次排队并坐好。因为团队成员来自不同的班级，他们的出生年月肯定是相互不知情的。许多学生的第一反应是用身体姿势等进行信息传递。但是，很快有的小组用了更加方便快捷的方式——直接把出生信息写在纸上并相互查看。这个方式无疑是最快的，很快有小组就完成了排列。当然也有突破规则的小组，他们默认了他们坐的顺序，他们知道C老师也不清楚每一个人的出生日期。无论用哪一种方法，团队都在进行默契互动。很快他们就了解了每一位成员的姓名和年龄信息。

第三个环节除考查每一位成员的表达力外，更是一次让成员找到自己位置的过程。当C老师将笔和纸发给每一个团队时，他们相互沟通以做好准备。当C老师让每一位成员依次作画时，几乎每一位成员作画都有所考虑和迟疑，他们努力想让自己的画更有创意和新颖。较为有意思的是，有的学生喜欢在纸张的四周作画，而有的学生喜欢在纸张的正中心作画。学生画完之后，C老师发出指令，让他们根据自己的画作编故事，而且故事之间要相互呼应。尽管C老师没有要求故事要和创业故事或团队有关，但大部分学生仍然会将故事和自己团队的创业相结合。这个时候学生的个人特质突出，有的学生侃侃而谈，有的学生站起来半天说不出一句话；有的学生言语散乱没有逻辑，有的学生言语重点突出、逻辑分明。团队中的超级领导者往往凸显出来，其毫无疑问地成了团队的负责人，而其他人也逐渐找到了自己的位置。

C老师分享了她的一次课堂深描："故事接龙的过程是学生即兴发挥的过程，其中学生的即兴发挥会创造出一个创意或新的企业形式。有一个组在进行故事接龙时非常投入，很快就形成了一个关于来自农村的首席执行官的创业故事。这个故事情节跌宕起伏，讲述了农村小伙从一无所有到卖土特产然后发家的故事。每一位成员对这个故事中的主角加入了自己的想象，讲述中不乏风趣幽默的地方，引来了阵阵笑声。当时他们小组有一名男生举手示意他们有了更好的表达方式。他对我说：'老师，我们小组成员想把这个故事演绎出来，请给我们五分钟。'我当时有点担心，课堂上进行情景演绎是可以的，但问题是，他们小组并没有经过事先的排演和练习。我犹豫了一下，还是同意了，并建议他们运用课间十分钟的时间进行设计和排练。没有想到的是，后来他们的五分钟成了那次课上的亮点。小组成员演绎得虽然有些生涩和稚嫩，但他们把自己心中想要表达的创业精神通过夸张的情节和创意的表演畅快淋漓地演绎出来。后来，那个表演得最出色的男生，也就是那个举手示意表演的男生，自然而然成了团队的负责人。"

该环节相对于传统的团队成立有所不同。传统的团队成立较为简单，团队的角色基本上由团队成员商议或推荐，并马上达成一致，缺乏科学有效性。寻找团队队友练习则是推动成员互动，让成员自主地找到自己的位置。C教师认为，在任务完成的过程中，教师的鼓励非常重要，特别是在讲述故事的环节，很多学生因为紧张影响到表达的效果。C教师往往会在学生表达之前不断鼓励："讲故事没有对与错，更没有好与坏，能勇敢地表达就是一次成功的自我成长之旅。"学生每一次的表达都会获得师生的掌声鼓励，从而增强自信。

托马斯·沃格尔说："沟通是最新颖、最强大的工具，可以对世界产生积极的影响。"几乎所有人都承认沟通的重要性和沟通的艺术性。但是，在生活中，个体习以为常地接受了语言的沟通，却忽略了肢体动作、神态等方面的沟通。在这次的互动环节中，学生进一步使用了非语言沟通，当然这种练习在之后的学习中会经常使用。

5.3.4 关于振兴我的家乡练习的深描

A 老师在以往的课堂上讲授头脑风暴法时，经常会带领学生进行实际操作。他往往会布置一些和学生息息相关的主题让学生进行头脑风暴。但是，学生的积极性并没有被很好地调动起来。有一个学生在课后直接和 A 老师抱怨："能不能不要让我们讨论中午吃什么的话题，这只会让我的肚子更饿！"于是，A 老师反复思索，如何让学生在使用头脑风暴法时也能产生思政效果呢？比如培养他们的家国情怀。A 老师在翻阅大量的教学资料之后，确定了自己的教学思路：设计一个关于学生家乡的话题，让他们用头脑风暴法想办法助力振兴家乡。A 老师将自己的设计演示给自己的导师观看。导师问了他一个问题："假设你现在是一名大一的学生，你的老师让你想出帮助家乡振兴的思路或方法，你觉得突兀吗？你真的能想出来吗？"导师的提问让 A 老师有了更深层次的思考与设计——教学活动一定要匹配学生的认知层次和思维逻辑。A 老师和导师一起设计了振兴我的家乡练习，用以根植大学生的家国情怀。A 老师以"乡村振兴"为主题，让学生进行层层递进的小组项目构思，在课堂上进行创意构思模拟，让学生意识到作为社会主义事业的建设者和接班人，应该做什么、为什么做以及如何做，从而奠定乡村振兴的创意基础。A 老师在教室观察学生运用头脑风暴法产出观点的过程，并分阶段运用提问法提问："乡村振兴战略是谁提出来的？乡村振兴包括哪几个方面？我们可以从哪些方面进行创意构思？"A 老师以此培养学生的自主学习能力、主人翁意识和社会责任感。在学生思考的过程，A 老师以当代大学生运用专业知识和创意思维帮助家乡振兴的故事作为典型案例。A 老师选用大学毕业生回家乡创业的案例讲述他们创业过程中遇到的困难、创新的破解之道，A 老师通过袁隆平短视频进一步引导学生更深层次地理解振兴我的家乡，根植家国情怀。

A老师没有沿用传统课堂的头脑风暴法，他结合数字化技术，建议学生用文字的方式形成观点并上传学习通平台，团队的记录员将所有的观点编辑后上传到学习通平台，并由团队代表上台分享。学生在阐述家乡美时，情感真挚。有的学生分享家乡的美景并附上美图，有的学生分享家乡的美食或家乡人的热情和美丽。A老师开通了学生互评的环节，学生在分享和收获的过程中有了自己的评价标准。有一个关于家乡美的观点吸引了A老师的注意，学生上传了大量的图片，有美丽的风景和一些看上去很有吸引力的食物。A老师邀请该学生上台分享。这名学生是新疆的学生，他用较为生硬的普通话向大家介绍自己的家乡。在说到自己的家乡难的时候，该学生说到了自己的家乡在新疆一个很偏远的山村，因此家乡的美景和美食很多人都不知道。这个时候，有一位学生举手建议："现在人们都在用抖音，你可以用抖音来宣传，或者用矩阵模式。"另一个学生也举手建议："关键还是物流……"很多学生又启用头脑风暴法，帮助这名新疆学生形成不同的创意。课后，该学生找到了A老师，因为这一次分享，让该学生产生了一个创意，就是运用互联网技术和现代化物流将自己家乡的美景和美食宣传出去，他很快就写好了创业计划书。

课堂上的振兴我的家乡活动是为了给学生一个点燃创新创业火把的契机。但是，课堂上的火把没有后续的落实则可能熄灭。因此，该活动需要课后的实践，深化主题，延伸双创和思政教育。

A老师及时捕捉到项目构思过程中，学生个体之间产生的矛盾与冲突。这属于课堂教学中真实的思想碰撞过程。A老师运用"球的颜色"的方法传递正确的价值观——视角的不同产生认知的不同，而站在对方的角度想问题，才能理解和接受。课堂结束时，A老师带领学生回顾教学内容，并予以赋能，引用习近平总书记的寄语，号召大家努力为实现中华民族伟大复兴贡献力量。

5.3.5 关于创新思维拓展练习的深描

笔者所在教学研究组的所有老师都在课堂上运用创新思维拓展练习来培养和训练学生的创新思维。练习比较容易理解，但需要突破惯有的思维方式才能较为高效地完成任务。老师同时在学习通上开放权限，让各组进行现场比拼。由于是小组积分制，因此小组成员的合作非常重要，从而培养团队意识和协作能力。学生对该类练习兴趣很高，因为可以动笔和动脑筋。很多学生在第一关就停了下来，因为他们发现无论如何都要用五条首尾相连的线才能把点连上。老师在教室里来回走动，观测每一名学生的态度。有学生直接跳到下一个题目做题，而有的学生则坐在那里冥思苦想，当然还有个别学生用手机查阅答案，并很快就把正确答案画在纸上。

D 老师回忆说："班上有一个学生将他的作业直接呈现给我，他将画点的纸张卷起来围成一个圈，然后用一条直线把所有点都串联起来。这个解题思路并不是正确答案，但我非常高兴，把他的作品分享给全班同学观看。同学们也觉得这个方法新颖独特。此后这名学生在上课时非常积极，这就是鼓励的力量。"

在 20 个圈上作画，多数学生呈现出一致性，即他们都在圆圈上画出一个个表情，差别只在于有的人画得精巧，有的人画得粗糙。但其中也有例外。比如 D 老师的一个教学片段："我当时教学的班级是设计专业，在讲了几次课后我觉得有些吃力，因为学生的知识储备偏弱，我需要付出更多的精力才能保持教学的节奏。但是，在 20 个圈的创作环节中，我看到了他们的专业力量。当时有一个小组合理完成了这个任务，他们对整体做了很好的布局与设计，在 20 个圈上画上了一片巨大的树叶，树叶上的圆圈则是虫子留下的虫洞，画面简洁且具有创意。这幅作品被学生评委打出了 99 分的高分。学生没有因为竞争关系就把好的作品的分数打低，就像

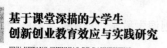

在残酷的商业世界，好的产品一定会被消费者所青睐一样。

第三个环节是教室情景的即兴文案创作。学生们纷纷配上自己拍的照片，把自己的情绪、体验和想法用图文并茂的方式表达出来。在学生较为放松的时候，教师宣布要进行创意训练并现场评估。这个时候教室里出现了一些骚动。对于大部分学生而言，现场进行物品的创意构想是极具挑战性的。他们除对物品的性质、功能、特点要有研究和观察外，还需要运用自己所习得的创新方法对物品进行创新创作。最关键的是，他们的作品将被同辈和教师根据创意标准进行打分。他们对创作过程的体验、遇到困难之后的应对将成为挑战的关键点。

有的小组在面对这种挑战时，直接选择逃避。他们的组长没有太多斗志，其中有一个组长直接找到老师说："老师，我从小就是死读书读上来的，我真的不会创作。我可以把您在课堂上讲的内容完整地背下来。"这样的对话无疑让老师泄气。可见，学生的创新意识有待增强，需要老师不断激发他们对创新的好奇心和自信心。

5.3.6 关于同理心的观察练习的深描

在课堂上，笔者从自身的教学经历引入了同理心。

同理心的建立，是为了更好地训练我们的洞察能力。对于每一个人而言，很多的苦恼源于人际，而人际的问题很大程度则是源于我们的洞察力。

比如一个中年女性，体型略胖，她有些口渴，正好路过一家茶饮店。在点单的时候，她看了很久的茶单，然后说："普洱吧！"如果你是点餐员，你会怎么做呢？

这个情景模拟笔者经常会在课堂上和学生一起完成。学生一般都会马上回答："几分糖？几成冰？是现金支付还是手机支付？"然后现场发出了一些笑声，大体是觉得这个"服务员"还是很专业的。

这时候笔者就问学生："还有别的答案吗？"

于是，笔者就带领学生进入一个他们更为熟悉的场景——宿舍的情景演练。

假设两个大学生在宿舍。A 同学兴致勃勃地问 B 同学："今天中午我们一起对吃火锅？"B 同学（老师扮演的）犹豫了一下，然后缓慢地回答："好吧。"

然后笔者问："请问 B 同学想不想去吃火锅，A 同学应该怎么办？"A 同学的扮演者马上回答："B 同学不太想吃火锅。那我就会说火锅我请客！"台下的观众用掌声表达对这个答案的欣赏。

于是，我们又回到了第一个情景模拟——那位中年女性是不是很想点普洱呢？还是一种无奈的选择？

这个时候就是思维发散的最好时机，而思维发散基于换位思考。学生不仅站在自己的角度去想问题，而是努力理解一位有着身材困扰的中年女性内心对茶饮的选择。

对于一个未来的创业者而言，这种同理心将会成为制胜法宝。当然，同理心需要训练，如何进行有效的训练呢？

有一个观点就是让受训者身临其境。例如，某所大学的研究生想为盲人做一些事情，但究竟做什么好呢？他们一直冥思而不得其解。于是，他们就自己蒙上眼罩经过一片树林，感受盲人的生活，最后做出了盲人较为欢迎的产品。但是，这样的训练对场地等方面的要求较为严苛，关键在课堂这种有限的空间内是无法施展的。

于是，笔者在课堂上借用了消费者画像工具。

消费者画像是从设计师工具箱里面提取的一种以客户为中心的辅助工

具。它是以真实人类的行为和动机为基础的，是对理想用户或最终用户的具体化的表现。在这里要注意的是，消费者画像并不是对产品用户进行一个假设，而是为了对消费者做一个认真的研究。在课堂中，笔者给学生们展示了一幅设计作品，是日本著名产品设计师深泽直人设计的伞。然后他问了大家第一个问题："伞柄上的凹槽是用来干什么的？"第二个问题是："你们会不会愿意花钱买一把这样的伞？"第三个问题是："你们觉得设计师设计这把伞是给谁用的？"

通过对三个问题的思考，学生们意识到，设计师设计这把伞是为行动不太便利的老年人使用的。伞柄中的凹槽是为了方便老年人的抓握，因为这把长柄伞不仅是一把伞，在必要的时候也是一根拐杖。老年人在路途中如果买到了一些小商品，可以把袋子挂在伞上，凹槽的设计也方便老年人携带一些物品。很多学生会感叹设计师的细心，这时候笔者会提醒他们设计师的细心也是有迹可循的，比如设计师是通过日常的数据搜集、观察和分析，创作出消费者画像的。

伴随着大数据的升级，消费者画像逐渐流行起来，很多设计师可以通过各种的数据来推算出未来消费者的特点，比如年龄、性别、消费习惯等，从而通过数据分析来进行消费者画像的创作。但是，消费者画像并不止步于数据分析，因为在实际工作中，数据分析只能给消费者画像建立一个模型，这些信息并非完全真实的。消费者画像的创作是严谨的，因此需要运用其他工具来进行深入的定性研究。常用的方法包括用户访谈、观察性研究，或者是用视频记录用户使用产品的过程、用照片记录使用环境等。这里特别要提醒学生在运用记录的方法前必须要先征得用户许可，并对用户的隐私做好保护工作。收集到所有的信息之后，学生需要对研究信息进行一系列的整合，并在此基础上对某一类用户群体进行画像，讨论总结出这一类群体的显性特征或共有特征，包括可能会出现的一些问题的影响的因素等。创作出完整有效的消费者画像是一个复杂的过程，需要团队数人花费很多心血。

在笔者之前的课堂上，由于学生的工具运用程度不高、动手能力不强，再加上其他功课的时间挤压，因此大部分学生会直接在网络上去借鉴或照搬已经成型的消费者画像。也就是说，他们很难找到自己产品的真正的用户并创作出消费者画像。

如何运用消费者画像这一工具来达到培养学生的同理心并使学生积极站在用户的角度审视产品问题的目标呢？首先，我们要培养学生敏锐细腻的观察力。其次，我们要训练学生站在局外人的角度，给自己这类群体做一个消费者画像。

于是，我们来到了一个别开生面的训练环节——我辈人设画像。这个训练环节需要每一位学生扮演采访者和被采访者两个角色，自己拟定问题进行访谈，主要目的是了解当代大学生的认知、情感、个性和消费行为等方面的特点，访谈结束后每个小组收集、分析和整理好访谈数据并共同创作"00后"大学生消费群体画像。每个人都难免有"聚光灯效应"，于是我们在训练之前还会邀请两名学生上台演示采访过程，教师及时进行点评和修订，指导学生如何运用一些关键词尽可能问到自己想要问的问题。

这个训练是有成效的，但也看得出各个小组的短板——在问题设计方面及数据整理分析方面的能力还需要进一步提升。这个环节也为之后的学习埋下了伏笔——如何根据消费者画像进行创业机会的挖掘。

5.3.7 开启高校合伙人学习模式的课堂深描

创新创业课堂教学形式基本上都是小组合作模式，完成一个创新创业项目计划书的撰写以及路演就是小组合作的任务成果。在企业的经营、管理和运作中，基本上不再是一个人单打独斗，而是团队合作。这个团队被称为合伙人团队。

在进行创新思维的介绍和训练后，老师以《中国合伙人》电影为契机，让学生了解合伙人团队是什么。老师还可以引入华为的经典案例。

华为的创始人任正非一直坚持不上市，运用合伙人机制和合伙人模式将华为的队伍建设成为团队楷模。华为这个开始以 24 000 元起步的小公司逐步竞争为强大的民营企业，除在产品创新方面一直保持强劲的动力外，稳固的合伙人团队也是华为坚强的后盾。任正非只保留了 1.4% 左右的股份，将其他股份都让利给了共同创业的员工。他在拥有决策权的基础上，最大限度地激发了员工的工作热情。我们应该去了解什么样的合伙人团队适合自身的创业条件。

在进行合伙人分组时，老师逐渐摒弃了报数分组或电脑随机分组的方式，让学生主要了解合伙人模式的发展背景和特点，并在其基础上进行较为科学的分组。

相对而言，中国的合伙人模式发展时间并不长，但具备鲜明的时代特点。在改革开放时期，随着企业制度的改革及人力资本的释放，大量的工业订单来到我国，许多民营企业在工人的勤劳付出下逐步发展。那时候决定企业发展的因素在于机遇、资源、资金以及背景，而老板对员工的要求是有专业能力、忠诚等，于是很快就形成了一个职业经理人的圈层。对于这个圈层的职业经理人来说，其可以获得较高的薪水和地位，但较难在那个时代创业，因为那个时代创业的核心要素不仅仅是才能。进入互联网时代，在网络经济迅猛发展的背景下，传统制造业的优势逐渐褪去，一些新的互联网公司，如腾讯、阿里巴巴、京东等蓬勃发展。在大众创业、万众创新的今天，包括职业经理人在内的很多人不满足于雇佣关系之下的报酬，而是有了其他的需求，这从马斯洛的需求理论中就可以了解。这个时候如果转变雇佣关系，让人感知到，他不再为老板打工，而是为自己工作，所在的团队是一个合伙人的强大的平台，那么他对这份工作的看法及工作本身的属性就发生了巨大的变化。于是，合伙人时代就到来了。

合伙人不是仅仅一起工作，而是一群有着共同目标的人一起奋斗。合伙人模式的优势不言而喻，比如转变工作心态、提高工作效率、创造人生财富等。但如何合伙、如何选择合伙模式、如何制定合伙规则等需要明确。

第一，合伙人团队的组建。寻找优秀的合伙人一定是需要花费大量的时间去了解、考察和沟通的。合伙人首先"合"的是什么呢？是人品。找人合伙虽然能力重要，但更重要的品质。对于企业而言，很多时候的衰败不是因为外部竞争对手的强硬，而是内部核心力量的分裂。对于大学生组建合伙人团队而言，教师需要引导他们去理解在团队合作中的诚实正直的品质、宽广开阔的格局、利他精神、合作意识、责任当担的重要性。

如何了解一个人的人品呢？特别是刚刚成年的大学生，往往对"人品"二字的定义都有所欠缺，教师的指导如果是仅停留于字面意义上的解读，那么就多少有些流于形式了。另外，大学四年的时光本来也就是一个锻造人品的过程，人的变化每时每刻都在发生。

在这个环节，笔者引进了国外某大学创业课程中的一个动手环节——搭建棉花糖塔。这个实验是由美国工业设计师彼得斯·基尔曼设计的一个实验。当时他从斯坦福大学、加利福尼亚大学和东京大学等院校邀请学生组成若干个4人小组。他给每个小组提供的物品都是一样的：20根未煮过的意大利面，1个1米长的透明胶带，1根1米长的细线和1颗标准大小的棉花糖。他让每个小组比赛，使用意大利面、胶带和细线搭建一座尽可能高的塔，搭建结束时，棉花糖必须放在塔的顶端且塔不能倒塌。这个实验本身是观察任务完成者运用什么方式搭建意大利面塔，但在笔者的课堂上，则是为了让每一个人去体验团队协作中自我角色的定位、沟通的意义、意外的应对，并让学生感性地了解其他人的特点。课堂上的任务分组大约是 8 人一组，分组是随机的，笔者也允许他们在随机分组后有一定的互相商量和人员调动，但一定是双向的互换。这就是人际互动的一次磨合。

随后就是正式的任务实践了。笔者给每个组分配的物资都是一样的，并规定不能使用教师分配之外其他的材料，并且笔者规定了任务完成时间为 30 分钟，可以提前完成任务，但是不能延迟。参加任务的学生都非常兴奋，从笔者吹响口哨开始，大家就动手操作了。现场一度非常热闹，有的小组一开始并没有马上搭建意大利面塔，而是先进行分工和讨论；有的小组则马上上手，动作飞快；还有的小组则去看其他小组是怎么做的，现场就在借鉴模仿。当然，也有人是不知所措的，他们把自己隔离在这个任务之外，然后沉浸在自己的世界，因为他们知道小组里总有一些积极分子会去完成任务。但是，他们不知道的是他们的行为早就被观察老师记录在案了。有很多小组在搭建意大利面塔方面有非凡的天赋，他们很快把塔搭得很高，但把棉花糖放在塔尖时意大利面塔就倒了下来。这怎么办呢？有的组员主张放弃，有的组员又重新来过，有的组员在想办法钻点空子，看能不能用一些方法补救。当然，还有的组员在抱怨，因为他可能在开始的时候就提出过一些措施，却没有被其他人接纳，他认为组员们如果当初听他的建议就不会发生倒塌事件了。同样，他们的反应也被真实地记录下来。一个小组的组长在规定的时间内非常努力，搭建的意大利面塔是全班最高的，当他们把棉花糖放上去后意大利面塔摇摇欲坠但也没有倒塌，正当他们胜券在握时，突然其中一个组员不小心打了一个喷嚏，意大利面塔就倒掉了。当笔者略带遗憾地宣布他们的任务失败时，突然他们组的一个积极分子大吼一声，用责备的眼神望着打喷嚏的组员，然后一拳打到了墙上。笔者马上制止了那个男生的行为："如果一个塔因为一个打喷嚏就塌了，就说明质量很有问题，哪怕没有喷嚏，我也会吹口气来检验的。"然后笔者注意到那个打喷嚏的组员，他显然也是被吓到了。笔者拍了拍他的肩膀，他松了一口气想说却没有说什么。正如笔者所猜测的，在这个任务结束后，他没有选择留在自己这个组，而是去了另一个组。

搭建棉花糖塔的任务结束后，笔者让学生自己选择合伙团队。一次任务确实能看到很多人的性格、品质，或者说思考和沟通的方式。正所谓"路遥知马力，日久见人心"，在现实生活中如果真的要组建合伙人团队，仍然是需要用一定的时间去观察和了解一个人的。

当然，寻找合伙人不仅要"合"人品，还要进一步"合"愿景，也就是要清晰地明确合伙人是不是都有着较为一致的发展方向和目标。比如有的学生只是想顺利完成课程，拿到不错的分数，而有的学生则是要成为第一名，还有的学生是希望在课堂上认识真正志同道合的合伙人并开展真实的创业项目。因此，在寻找合伙人时，一定要找愿景一致的合伙人，这样队伍才能走得长远和稳定。"合"愿景为什么重要呢？笔者给学生讲了一个真实的案例。某所大学有三名研究生一起创业，因为创业项目的技术创新具有一定的壁垒，所以他们很快获得了创业的第一桶金。很快他们的项目被一个大公司看中，那家公司打算用 500 万元收购这个项目。然后，笔者问讲台下的学生："如果是你，你会愿意被收购吗？"学生的反应不一，正如那个团队三个人不同的态度。其中一名研究生坚持不同意收购，因为他对项目的未来估值非常看好，他很希望把项目做成行业的标杆，这可以说是他的梦想和使命。一名研究生则觉得应该拿钱走人，小富即安。第三个人摇摆不定，在金钱的面前他觉得可以先把梦想放一放。由于他们三个人的股份是平均的，最后的结局可想而知，项目最终被收购，三个人也从最好的朋友变成了不再见面的陌生人。因此，在寻找合伙人的过程中，笔者建议学生一定要问清楚每一个人对合伙之后的目标与愿景，毕竟时间有限。

在初步组建好合伙人团队后，笔者给每个团队布置了一项任务，就是进行成员之间的深入沟通，主要方向是了解每个人的特长，然后进行岗位定位，也就是确定每个人在团队中的角色和任务。例如，有的成员眼光独到、创意无限，有一定的战略意识，那么他就可以当团队的负责人或首席战略官；有的成员行动力强、关注细节、沟通顺畅，那么他就可以负责人事管理；有的成员喜欢创新、热爱挑战，那么他就可以负责营销；有的成员擅长财务管理，比较理性，那么他就可以负责财务，等等。总之，根据每个人不同的特点匹配合适的岗位，让他们能更好地发挥自己的优势和潜力，这样就能形成一支有战斗力的团队。这个课后作业要求在下一节课上进行呈现，也就是每个组要进行团队建设的现场演示。这一环节给了学生一定的压力，要在大众面前介绍自己和自己的岗位设置，难免有些难为情，但这也是一种表达能力的训练，因此会有一些意外情况发生，比如说笑场或忘词。值得道高兴的是，学生的准备虽然有不足，但他们每个人都愿意走上讲台进行自我展示。

第二，合伙人团队的定型。如果我们仔细去了解一些创业企业，就会发现基本上合伙人之间是无法做到永远保持统一步调的。哪怕是怀抱着同一个创业梦想的年轻人，在创业的路上也会慢慢走散。但是，这种散伙不是死局，而是一种积极的推动力。可见，在合伙创业时，将规则制定好，把目标确定好，做好股份的分配是必不可少的环节。

为什么要对合伙人进行分类呢？这是很多学生的困惑。班上有几名学生因为新冠疫情的原因推迟入校，耽误了之前的课程。当他们进入课堂后，就需要加入之前分好的团队中。于是，笔者问学生：“像这种进入团队的后来者，因为阶段不同、时间不同，享受的福利待遇应不应该一样呢?"确实,这些后来者没有参与之前的任务和工作,理应在某些方面有所区别。于是,学生们就更好地理解了合伙人分类的意义了。

在真实的企业发展中,不同合伙人进入企业的时间、阶段、性质往往不同。合伙人可以分为三类:创始合伙人、事业合伙人和资本合伙人。创始合伙人就是创业团队的元老,这些人决定了企业的未来发展,因此对创始合伙人的选择一定要非常慎重。事业合伙人是具备专业能力,能把事业做大的员工。他们可能是企业之后招聘的员工,他们可以帮企业把业务越做越好,有着共同愿景和目标,并且和团队的创始合伙人在性格上兼容匹配。他们也可以逐渐成为新的合伙人。另外,企业在发展过程中可能需要资本合伙人,也就是投资人。一般资本合伙人主要投入资金而不参与企业的经营管理。当然,投资是需要回报的,因此资本合伙人关注资本投入之后的利润分成。这里要注意,很多企业引进资本时,因为管理失控而丧失了对企业的控制权,最后黯然收场。因此,企业在引入资本合伙人时,一定要选择好资本合伙人,千万不要为了眼前的利益而引入唯利是图的投资人,特别是要尽可能控制投资人的投票权。

我们在课堂上也要进行团队的合伙人类型定位。哪些人是创始合伙人,哪些人是事业合伙人,哪些人是资本合伙人。团队要制定出相关的任务规则和股份分配规则。制定任务规则较为简单,但如何进行股份分配呢?首先,学生要了解股份有哪些类型。股份一般分为身股、实股和期股。身股多为一般员工设置,也就是员工可以不用出钱,凭借自己的能力参与分红。员工在岗位上,就配有股份;员工一旦离职,股份也就自动脱离,员工不再享受股份和相应的福利待遇。实股是实实在在的股份,即履行股东的责任、享受股东的权益。即便不在企业担任任何职位,股东也可以享受股份带来的一切。也就是说,实股可以将经营管理和资本收益分开。期股是企业激励员工的方式,是未来可以预期的收益。一般员工如果参与了公司的发展并有了一定的年限，就可以分阶段地获得企业给予的股份红利。对于企业而言，其可以根据合伙人类型的定位、企业发展的阶段以及团队成员的特点来进行不同类型的股份分配。一般来说，身股适合企业在创办初期使用，实股主要针对的是团队初创者和投资者，期股则是企业在成长发展过程中使用以实现合作共赢。

第三，合伙规则的制定。无规矩不成方圆。建立团队之后成员之间应做到相互信任和支持，彼此之间营造朋友般的情谊，但是朋友之间更需要知晓规则、尊重规则、遵守规则。当然每个企业团队的性质不同，规则也各有侧重，但有一些通用的规则必须遵守。

（1）关于尽心尽力的原则。要搭建一个强有力的团队，就必须有一个核心领导者，他需要用好的管理规则让每个成员团结一致，形成坚不可摧的力量。因此，团队运作前就要确保每个参与者都是尽心尽力的，如果有人心不在焉、吊儿郎当，团队就需要思考如何处理这个队友。在课堂上的团队管理中，笔者允许团队有清除合伙人的权利。团队的核心管理者还要让每个成员将自己最专业的能力发挥出来，并确保大家一直是朝着一个方向努力。

（2）关于分股的规则。股权的设计方案复杂多元，对于大学生而言，理解以下几个数字即可：67%、51%、34%。67%是股权的绝对控制线，当合伙人中有一个人有2/3（67%）的股份时，他就有了绝对的话语权，相当于100%地控制了公司。51%是超过一半的股份，这意味着虽然其无法绝对控制公司，但也具备了相对控制权。34%意味着安全控制线，即股份超过了1/3，这就意味着在重大事件上拥有一票否决的权利，具备一定分量的话语权。那么，设计股权分配方案的时候，企业就需要把握这些比例，根据实际情况和需要进行股权的调控。但是，新创企业必须注意股权设计结构。很多合伙人团队最青睐于股份的平均分配，看似非常公平，但会带来管理决策上的混乱，这并不是合伙人团队的好选择。另外，在真实的创业过程中，在过去，股权分配背后的逻辑就是出多少资金就分多少股权，这是源于农业和工业时代的物力资本模式。在以资源为主的时代，股权主要以资金投入来进行分配。但是，在互联网时代，人力的贡献可能超过物力的贡献，特别是在一些以人力资源为主的企业中，其要对资金定价，更要对人力定价。资金股和人力股的比例既可以是2∶8，也可以是3∶7……这个需要因地制宜，相互讨论磋商来达成共识。在创新创业课堂上，笔者建议每一个小组确定好每一个股东的股权分配比例、约束机制和回收制度，以激发每个成员的斗志。

5.3.8　关于创新思维之观察与沟通的课堂深描

有人认为观察力是一种天赋，后天训练的作用不会太显著，笔者并不同意这个观点。讲到观察力的培养，首先我们要区分究竟观察的对象是什么，是观察客观事物的本质还是观察人类世界中的情感关系。

有一种观察力是对客观事物的观察，特别是对客观事物之间千丝万缕的联系的较为透彻的观察。我们可以把它理解为透过现象看本质。观察到微不足道的细小事物，能够把事物之间的联系观察出来，透过现象看本质，是一种非凡的能力。透过现象看本质的观察，不仅是仔细看，更需要的是具备深厚的专业知识、技能以及进行深度思考。

还有一种观察力更侧重对人际关系，或者说情感关系的观察。我们经常会无意识地运用到这种观察力，可是我们很少思考这种观察力会给我们带来什么样的意义和作用。例如，在面对一些权威人物或我们感兴趣的人物时，我们难免会调动大部分的注意力去观察那个人做什么、说什么、看什么，尽可能理解（或者猜测）他行为背后的逻辑。同时，我们期待通过观察去了解那个人是否会喜欢我们，我们是否能跟那个人建立一个比较亲密的关系等。

作为一名在校大学生，无论是否尝试创业，都需要跟身边的人建立联系。因此，笔者在课堂上更侧重让学生理解人际关系的观察，让他们更好地去训练这种观察力，从而洞察人性，收获友谊。

人们会忘记你说过的话、做过的事，但永远不会忘记你带给他们的感觉。可见，当某人让我们形成某种定性的感觉后是比较难以改变的。比如笔者的一次课堂体验。当时笔者教授的一个班上出现了一个"刺头"，他永远坐在教室的第一排，带上自己的电脑然后做自己的事情，无论是课堂练习还是讨论，他一概都不参加，他甚至也不参加任何一个小组。笔者曾尝试和他沟通，却被他的沉默击退，他仿佛是在做一个激怒老师的实验。当然，笔者也曾经询问过他的辅导员，得到的答案和笔者的观察一致，他就是不配合老师，但每次考试都能轻松过关。如果把笔者和那个沉默者的关系定位为传统的师生关系，笔者可以不去管他，或者用权威感让他做出让步，但笔者很想换一种方式与他交流。于是，在每一次课上，笔者总是会用鼓励的眼神看向他（当然不仅仅是他）。在课堂讨论环节，笔者就默默坐在他的身边，什么都不说只是安静地坐在他的身边。几次课下来，他终于关上了自己的电脑跟笔者说话："老师，你也好歹跟我说句话吧！"后来，我们成为微信上聊天顺畅的朋友。这里笔者运用了一个友谊公式：

$$友谊=趋近度+频率+时间+强度+好奇心$$

趋近度的关键作用就是让对方觉得所处的环境是没有威胁的。就像在课堂上，笔者一直是用友善的表情和一些非语言的动作间接告诉那名学生，笔者对他是没有任何潜在威胁的，笔者尝试给他营造一个没有威胁的环境。频率是在一定时间内接触的次数。笔者会经常让他感觉到笔者在他的身边。强度是采取语言或非语言行为，满足对方的心理或生理需求。同时，笔者还让对方保持一定的好奇心——明明他的行为是激怒老师的，但是老师没有任何反应，甚至只是坐在一旁不说话——这种好奇心的产生从心理学的角度来看就是稀缺原理。物品的稀缺性和唯一性会提高人们心目中对物品价值的度量，从而使物品变得更有吸引力。简单来说，越是神秘得不到的东西越能激发人们的好奇心和占有欲。

在现实生活中，我们也可以运用友谊公式建立和某人的关系。在笔者的课堂中，笔者努力让学生适应面对面的交流。现在的大学生可以毫不费力地在网络世界里聊天，但在现实生活中却经常"社死"。

首先，训练学生对非语言友好信息的捕捉能力。

什么表情或姿势是释放友好信息呢？真诚的微笑肯定是友好的，至于皮笑肉不笑的笑容就不一定了。真诚的微笑的标志是嘴角上扬、脸颊提升，伴随的还有眼角起皱。除了微笑，歪头也是一种强烈的友好信号，此姿势多见于女性。头部倾斜时是将颈部一侧的动脉暴露在外，颈动脉对于人体而言至关重要，当人遇到危险时总会高耸肩膀缩起脖子以保护颈动脉，因此歪头也就意味着个体处于一种安全舒适的环境。另外，短时间的挑眉动作更是友好的表达（当然，不自然的挑眉动作除外）。

什么表情或姿势是表达敌意呢？一是直勾勾地直视。在日常的社交中，用长时间盯住一个人，一般是表示不满和敌意。这个动作大部分家长非常擅长，当孩子做错事情的时候，家长往往就会用这种眼神一直看着孩子，直至孩子低头认错。二是从头到尾地打量或扫视，这显然表达的是不尊重。三是翻白眼。四是皱眉、眯眼、表情紧张，这些都表达出不满意或害怕的情绪。五是双手叉腰或攥紧拳头，这样的姿势不仅是敌意，更是表达了一种攻击的姿态。

在课堂上，笔者邀请自我表达欲望较为强烈的学生上台演示不同的表情和姿态，然后大家一起来判断表演者的情绪。在演示的过程中，笔者也会强调社交过程中的细节，比如触摸的尺度问题，不同的部位的触摸都代表着一种关系的确立。社交细节中模仿对方的行为也是一个有趣的互动环节。从心理学的角度而言，如果一个个体对另一个个体产生好感的话，就会不由自主地模仿对方的行为做出相似的动作。

其次，训练学生在沟通中进行有效观察的能力。

在这个环节，笔者先给学生展示了一次错误的沟通，那次沟通非常不顺畅，因为笔者忘记了沟通要让对方感觉良好。笔者的一名学生参加了某个创新创业类的比赛，当他把项目展现在笔者的面前时，笔者还没等他演示完，就发现了他的项目中一个致命的弱点。笔者毫不留情地告诉他："这个地方你完全错误，如果你按照我的思路去做……"那名学生之后全程都是心不在焉，根本没有听笔者在说什么。笔者突然意识到自己在这个过程中犯了某些错误，对方迫于笔者的身份无法表达他的愤怒，因此他就自我隔离不再配合了。笔者的错误有以下几点：第一，笔者没有足够尊重对方，无论怎样都不能轻易打断对方说话。特别是在身份不对等的情况下，无故打断别人说话是一种不合适的做法。第二，在沟通时，笔者将自己和对方对立起来。"你是错的，我是对的"，这种对话模式会使对方出于保护自尊等原因而采取防御措施。第三，笔者没有做到无论出于什么原因指出他人不足时，都应该先肯定他人之前的努力和其他优点，也就是我们所说的先扬后抑。特别是在批评他人的时候，应少用"你"，多用"我们"。

听完笔者的失败案例之后，学生产生了极大的共鸣。他们分享了自己和父母之间沟通中遇到的相似情景。当他们表达自己的观点时，如果与父母的观点相左，父母就以过来人的身份驳回甚至呵斥他们，于是他们开始变得沉默。沟通的本质什么呢？并不是表达者如何用华丽的辞藻、幽默的方式输出，而是确保接受者能够有效倾听。笔者相信大家都有过这样的经验，当我们醉心于某一件事情的时候，我们的大脑会过滤掉一些我们认为不相关的信息，比如旁边的人在唠叨，但我们就是听不到他在说什么。

因此，想要在沟通过程中确保他人能真的在听我们说话，我们就必须要注意以下法则：第一，我们应认真听对方在说什么，理解对方真正的意思。网络信息时代让每个人有了一种自己很智慧的错觉。我们应放低姿态，保持谦卑的内心，给他人说话的机会，并运用友好的非语言表达，让对方有良好的表达欲望。第二，在沟通过程中，我们应不断观察，通过观察后分析信息，调整自己的沟通方式，但也要注意不要过分敏感和解读。第三，我们应运用得体的语言表达自己的观点，尽量不用过多的肢体语言和面部表情去表达某些观点。我们应控制说话的语气和语调，一般来说，在日常对话中，平和友善的对话是受人欢迎的。第四，在沟通时，如果对方的观点是错误的，我们也要保全对方的面子，尽量把选择权留给对方。

对这些法则进行解读后，笔者邀请一位学生一起重新演示了上次的场景。

笔者（项目指导老师）："听完你的项目，我的感受是你用了很多的心血。"

学生（项目汇报者）："是的，我们团队花了一个月整理，老师，有什么需要改进的地方吗？"

笔者："嗯，有很多亮点……你觉得还有什么地方可以做得更好呢？"

学生："我觉得我在盈利模式这块还有一些地方没想通……"

笔者："这块我们如果这样设计会不会更好……"

接下来的沟通就非常畅快了。当然，对于某些尴尬的或者说难以说出实话的话题时，我们往往就可以运用第三方视角。

最后，展示吸引力法则营造融洽的关系。

如何能在最短的时间里和身边的人与物达成一种融洽的关系呢？这是

很多年轻人内在的需求。现在的年轻人不一定期待自己成为社交达人，但他们也不希望自己总是处于人际关系紧张的中心。在大学的心理健康教育课堂上，他们基本上掌握了人际关系的一些较为常见的心理效应，但将所学的知识应用于实际生活和社交场景中则需要更多的训练与演练。创新创业教学的课堂就是融会贯通的过程。

在课堂上说到人际交往的吸引力法则，就会人提到相似性法则，也就是拥有相似观点、爱好、态度、行为的人更易于建立亲密关系。但如何迅速找到共同点或相似点呢？我们可以观察，即观察对方的衣着标志、行为语言。比如在一个女孩较多的课堂，笔者通过观察发现很多女孩喜欢在课余时间一起组队玩一个流行度较高的网络游戏。于是，笔者尝试在自己的手机上下载了那个游戏软件，然后虚心请教她们关于这个游戏的要点，很快笔者就和她们打成一片，因为她们在笔者惊叹的眼神中发现原来老师在游戏上的水平很差，需要她们带领才能略知游戏的精髓。当然，观察并不能解决所有问题。以现在很多年轻人与父母之间的亲子关系为例，有许多父母都有过不解，为什么自己的孩子在手机上可以和朋友聊得很开心，但面对父母时却面若冰霜、寡言少语呢？于是，笔者曾在课堂上建议学生回家后与父母进行一天的角色互换，也就是父母扮演一天孩子，孩子扮演一天父母，站在对方的位置去生活一天，从而去真实体验对方的一切。

增加亲密感的法则还有互惠原则。当我们对别人微笑时，别人也会投以微笑。因此，在课堂上，笔者鼓励学生与他们的同桌进行优点互换，特别是在小班授课中，笔者比较倾向于采用"国王与天使"的游戏互动。在课程结束后，往往会有很多人受到感动，原来有人会默默关心和帮助自己，默默关心和帮助他人会得到他人的感谢和善意。

课堂教学的教师怎么带领学生一起营造融洽的师生关系呢？差异化营销法则或许是一个不错的选择。上课的学生个性不一，有外向的，有内向的，有逆反的。无论外向的还是内向的学生，都有其优缺点。外向的学生反应较快，反馈强烈，让教师的教学体验感良好；内向的学生虽然反应较为平淡，但仔细谨慎，具备很强的稳定性，会让教师很放心。如何在短时间内判断一个人是外向的还是内向的，有一个较为简单的方法。在课堂上，笔者说出一句话的开头，然后故意停顿几秒钟，外向的学生会迫不及待地接上那句话，而内向的学生则等着老师继续说。当然，如果内向的学生非常喜欢这个老师，他也会接话，因此，这个方法也可以用来判断师生双方的关系是否融洽亲密。个体想要融入环境并希望很快达到交往的目标的话，或许就要考虑面对的是什么类型的人。如果是外向的学生，笔者会在布置任务之后给他们施加一定的压力，并敦促他们在规定的时间内给出一个答案。因为他们性格开朗，并在做选择时会带有一定的冲动，我们也可以称之为决断力较强的人。内向的学生更倾向于花时间进行思考和决策，他们会查找信息，并再三考虑。因此，对内向的学生，笔者会给他们宽松的时间完成任务，而非一味催促。

笔者在课堂上经常提醒人家真诚地赞美别人和自己，因为每一个人都喜欢被夸奖。正如作家史蒂夫·古戴尔所说："真诚的赞美没有任何成本，却能实现巨大的收益。在任何关系中，它们都是令人振奋的欢呼声。"

5.3.9 关于创意产生和路演练习的深描

关于创新思维的理论及教学的文献很多，也有很多的练习。笔者在带领学生进行课上练习时，总觉得不够贴近学生的生活。课余时间反省，笔者也在想学生究竟要如何运用创新思维。突然，一个问题从脑海里跳出来："你作为老师，你是如何运用创新思维的呢？"于是，笔者开始努力运用创新思维来设计课程，比如课程的考核。

创新创业课程基本是不会闭卷考试的，比较常见的考核方式就是写一份创新创业计划书，再加上一场路演。路演在一般情况下就是团队的代表上台路演五分钟。对于大学生而言，他们常认为路演环节很鸡肋，除那名在台上的学生外，其余人的参与性不高。年轻人不参与时，往往就是低头沉默。怎么尽可能多地让大家主动参与其中呢？这就是要老师运用创新思维。

在笔者的课堂上，笔者做了一个自认为还不错的设计。

笔者将路演环节分解成三个部分：第一个部分是全体成员上台的一次场景表演，大家生动演绎出项目产生的背景。第二部分是一名团队成员的路演，他用五分钟时间重点介绍项目的特色产品或运营。第三个部分是大家再度上台来回答坐在台下的"评委"的问题。"评委"也是学生，他们事先了解路演规则和答辩细节。所有的环节都是大学生自助式路演，无论是主持人、参赛者、评委等都是学生扮演各自的角色，教师则只是观察者。最后，学生投票选出他们认为最棒的项目。路演全过程公开而有趣，甚至经常会有金句产生。当然，作为观察者的笔者，能从各种角色中抽身出来，发现一些有意思的现象。

例如，关于第一个部分——团队的场景演绎。这个环节常常会引发笑场，年轻人有创意，总能在生活中看到问题和挖掘素材，然后用年轻人的方式来表达。相较于中年人的强势表达，年轻人的表达羞涩而可爱，笨拙的动作、休闲的服装、用带着地方特色的普通话表达。

有很多年轻人是不适应现场表演的，他们说自己是轻度社恐。于是，他们就会提前把视频拍摄好，然后给不愿意露脸的同学添加上可爱的卡通图案。

在第二部分——路演环节，刚进入大学的学生在路演方面的经验不足，无论笔者怎么要求，很多路演者基本上都会在PPT上打满文字之后开始读PPT。当然也有优秀者,但能做到精彩演绎的,少之又少。

第三部分——评委提问和路演者答辩环节,每名学生都有一次当评委的机会。当评委很有仪式感,坐在第一排,并且要提出有建设性的问题或建议。有的学生第一次当评委,难免是兴奋和紧张的,评委听得比任何人都认真。果然,最好的学习方法就是教授别人。

活动全程都由两名机灵的主持人把握节奏和时间。

当然,活动也有不令人满意的地方,比如教室的设备有些老化,连话筒都会出故障。有些学生的路演实在枯燥无味,五分钟的时间像是过了50分钟,教室里有那么一丝不愉悦的气氛。但是年轻人的项目,真的是有令人惊喜的。年轻人的眼光不仅关注自身,还放眼到环保、农业、养老、医疗等各个方面,体现出对生命的关爱和对未来的期待。

5.4   课堂教学访谈与深描解释

5.4.1   师生背景差异造成关于互动情景的理解差异

A老师较为享受课堂,他有数次深入课堂而被学生的表现感动的体验。在受访中,他几次提到了青春的力量。他眼中的大一新生可爱而有活力。A老师认为,师道尊严和课堂规矩是需要坚持的,因此他在第一节课上就立下规矩:收杂书、关手机和勤举手。结合学习通平台的翻转课堂,A老师关注课程的训练体验环节。但他也表示,有些班级让他感觉很不好,让他费解的是同一个学院同一个专业不同班级的课堂表现和配合度差异很大。

A老师说:"有一个班级给我的印象非常深刻。那是最后一堂课项目路演（项目路演是指学生以团队的形式完成一项创新或创业项目的创意构思、市场调研、计划书撰写等任务后，用 PPT 等工具将项目呈现给项目投资人或专家的过程，时间一般设定为五分钟），那个班级的学生表现得特别活跃。在所有组的项目路演结束后，我建议学生可以上讲台分享一下他们的学习感悟。学生问我：'老师，能给我加分吗？'得到我的肯定后，他们很多人竟然排队上台分享。平时不怎么喜欢发言的他们像被什么激活了，纷纷发表讲话，每一个人都讲得真切。那一刻我的眼睛都有一些湿润了。很多学生的发言都提到了某一次课堂上的一个互动环节——关于创新思维中的收敛思维训练。这个环节可以说是我的灵感乍现。训练者在一张纸上写下一个物品的名称，然后让学生竞相提问，训练者只能回答是或不是。训练短短十分钟，没想到给他们这么深的印象。他们很多人都觉得在收敛思维的训练中察觉到自己的思维方式障碍，很感谢我的教学。"

A 老师在回忆这一教学场景时面带微笑、身体放松。可见，学生在课堂上的主动配合会给老师带来很大的愉悦和满足。这也说明，对于大学生而言，让其放下手机还是有很多办法的。A 老师将学生的参与表现和课堂的活跃气氛作为教学成效的重要指标，并借助加分等激励的方法进行教学改革，从教师的角度来看效果不错——学生在激励之下倾向于主动的、情真意切的自我表达，思政育人效果不错。

但从学生的角度来看，作为热闹的课堂场景的参与者，他们的感受和体验存在一定的差异。A 老师的学生在访谈时说："这门课有趣，但是我没有学到很多实用的东西。很多都是大框架的讲解，但没有实际的操作。特别是小组团队，只有分工没有交流合作，我也不知道怎么说，老师给了我们很多时间和机会去讨论和练习，但是我们却在干别的。很多同学为了加分举手发言或上台分享，我很欣赏那些表达自如的人，可是我就是很难做到。印象深刻的就是老师讲收敛思维的训练环节。那一次我们很多人都在不断问问题和交流，那种跟老师的交流是积极主动的，因为我们都想第一个猜到答案。不过老师在回答时自己答错了，我们没有人指出老师的错误，那一刻我们觉得他和我们在思想上有代沟。说句实在话，我们想和老师交流，但最好是集体交流，而不是被点名站起来交流。"

学生的反馈呈现出双创课堂教学中教师与学生之间对课程活动环节的理解和体验的差异。双创课堂上教师设计参与性的活动环节，是期待采用激励手段将思维创新及参与协作的思政内容融入教学过程中，并达到创造性的教学目标。学生更关注与是否"有用""加分""有趣"等。当然，引发学生的好奇心、不断进行有效刺激、给予学生自我表达的平台等教学方法激发了学生的学习热情，我们需要进一步探讨如何在教学活动环节中引导教师与学生的心理相容。

B老师对创新创业课程的大班教学一直持有不太乐观的态度，他觉得很难做到面面俱到和细节观察，这些会耗费教师大量的精力和精神，可是却难以看到实质的效果。无论是教学的课程体系，还是教学的资源，创新创业课程的改革和完善都还有很长的一段路要走。B老师对路演环节有很深的印象。

B老师说："这门课对于我而言是没有压力的，也没有太多关注的地方，但是路演环节往往会带来惊喜。比如有一些团队拍摄的视频颇有技巧，超出了我对他们的要求。这个时候我会做一些评价并给一个高分。基本上每一次打分之后就有一些小组组长来找我询问：'老师，为什么我们组才这么一点分？'或者问我：'我能不能再来一次？给我打高一点分？'他们很看重分数而非收获。这和我给成年人的培训的课堂互动产生了很大的反差。因为社会服务的关系，我有时候会在空余时间给成年的创业者上一门课，那些学生有的年纪很大了，有一个男学生，30多岁，和我就一个问题交流之后告诉我：'老师，其实我很早就想和你交流了，但是我很难迈出这一步，在我心目中您光芒四射，我想给您发信息问问题都是编辑很多次又删除很多次。'他们是基于创新创业的兴趣或疑问来找我探讨问题，但是这样的学生在我们大学的课堂上少之又少……"

关于大学课堂的问题要如何解决呢？B老师的学生在访谈时表示："B老师的课堂给我的感觉就是比专业课都要严肃。大量的训练和课后的任务让我们有一些疲惫，大部分同学都想'摸鱼'，特别是在上午第四节课下课前的十分钟，我们讨论的中心总是变成下课后中午吃什么，因为肚子是真的饿了。B老师大部分时间喜欢自己讲课，大量的专业词汇从他的口中喷涌出来，我很多是不理解的，我也很想举手问老师，但身边没有一个人问，我也就不好意思问了……B老师第一节课的自我介绍让我们很震撼，我们都觉得他很厉害，但是我仍然会玩手机……在我来看，印象最深的环节是路演环节，在各组展示视频的过程中，我发现有的组真的充满创意，效果满满。总之，在路演中，我看到了同一年级中很多的潜力股，他们平时的表现稀松平常，但在上台进行自我展示时口才一流、声音洪亮，改变或加深了我对他们的认知。特别是在一次点评的时候，有一个女生做评委，从头至尾的评价非常中肯而独特，我以为她是高年级的学姐，结果她和我是同一年级的，当时我就被震撼到了，真是没有对比就没有伤害，她的口才那么厉害，我就有了想和她交朋友的想法……"

该学生继续说："我一直在创业的过程中，上这门课我内心觉得一点问题都没有，所以一直也不怎么听课，直到有一天一个体育学院的学生来蹭课。老师在课堂上问了一个关于创业细节方面的问题，当时所有同学都不知道如何回答，然后我和那个蹭课的学生各自说了自己的答案，没想到那个学生在创业方面比我了解得更多。那一刻，我很有挫败感，我的脸都红了，我第一次有一种学得太少的感觉。"

大学双创课堂不宜出现如流水账般的平铺直叙，业务能力强的教师可能给学生留下深刻印象，但要想达到吸引学生注意力、满足学生高层次需求的课程思政要求则需要教师和学生之间的心理相容与相互匹配。对于以B老师为代表的群体而言，他们期待学生的尊重与欢迎，更希望学生能有创新创业的理想与坚韧。但对于学生而言，他们理想与坚韧的培养需要教师情景浸润中的细节处理、耐心的观察以及同辈之间的有效刺激。因此，课堂上的课程思政重点在于教师如何将学生导向场景沉浸，从而产生顿悟。

5.4.2　教师导向场景沉浸中的顿悟

社会发展与进步对创新创业人才有强烈的需求，但学生对创新创业的认知还停留在狭隘的一元认知之中，即创新创业教育对他们的专业学习及未来的职业发展意义不大，因此缺乏相关的学生期待。一名外国语学院一年级学生坦率而直接地承认："我对创新创业课程没有期待，因为我不适合创新创业。尽管在课堂上我学的东西很多，但是我没有掌握，更不要说运用，我更加感兴趣的是和专业相关的课程。"无独有偶，一名旅游专业的一年级新生直言："我以后的生活肯定没有创业，创新估计也少，我对课程没有期待，只是上课别讲课本上有的，那样我会走神。"

谈及哪一门课程让学生有所期待，多数学生都承认相较于其他课程，他们对专业课程的态度更为认真并有所期待。当然也有例外，例如某学生思考之后给出了体育课这个答案。其原因是他在体育课上动作达标，经常被赋予其他同学进行示范和教学的权利，他认为自己表现的机会比较多。对于现在的年轻大学生来说，某些知识似乎唾手可得，高校教师在讲坛上口若悬河地传授知识台下学生听得津津有味的场景已成为过去式。学生需要什么样的创新创业课堂呢？当下课堂教学改革的重点为混合式教学、沉浸式教学等。在社会环境变化下，大学创新创业课程应结合学情分析和课程特色进行团队任务完成的教学模式改革，学生在团队合作的模式下经过教师的指导完成双创认知提升、能力锻炼、确定创意、项目锤炼以及路演表达等阶段任务，从而达到教学目标。这种沉浸式的学习过程激发他们的紧迫感（比如任务艰巨或时间紧迫）、注意力集中、表达与交流、自我表现和荣誉感等。

D 老师在其教学观察日记里这样记录："我刚开始上这门课时有些挫败，特别是面对低头族和上课睡觉的学生。于是，我就在课堂上尝试运用很多不同的教学方法，比如头脑风暴、上台分享以及学生团队章节知识点讲解等，这些方法比较有效，基本上在随机选人回答问题时，大家都很紧张兴奋。有一个女生引起了我的注意。她因为腿伤一般坐在靠门较近的最后一排，在小组讨论后的分享环节，她一般都是拄着拐杖上台分享。有时候她的队员会扶她，有时候她是自己一个人。说句实在话，我觉得她很认真，很让我感动。为此，我还带动全班为她的行为鼓掌……比如我将乡村振兴的理念和头脑风暴创新方法结合起来，让学生团队运用头脑风暴讨论自己家乡的美，然后再请他们头脑风暴家乡现在的难，最后分享如何用自己的方式帮家乡解决难题。学生的参与性非常高……我对课堂的反馈是在意的，因此有些学生的眼神反馈会让我更加集中注意力，从而迸发激情努力讲课，下课后我会有一种虚脱的感觉……"

对于 D 老师互动式的教学改革努力，学生的课堂表现呈现多样化的发展。

D 老师的学生说："大家觉得创新创业基础比其他通识课还是有趣的。比如老师和学生的提问互动，包括让学生上台进行知识点讲解，这个形式很好，但遗憾的是学生的完成度太差了。说实在话，我身边的同学经常会说学这个没有用，大家习惯于刷题背书，对考试已经掌握了方法，认为只有高难度的或专业课才是值得学习的，所有的功课的学习目标是拿高分。但是也有例外的。我记得有一次老师是用投屏的方式让我们每个人在学习平台上完成对家乡美、难和发展振兴的主题任务。以前别的课程的老师是对大家的答案进行筛选然后进行分享，但是这门课的老师是让所有人都能看到每一个人的答案和想法。那一刹那，所有人的头都抬起来了，没有人做其他的事情，大家都在饶有兴趣地看自己和他人的文字。那是我印象里大家参与度最高的一次。我们其实也喜欢表达，只是和以前的年轻人的表达方式不一样。相对而言，我们更喜欢一些有挑战性的任务，这些任务不是死气沉沉的。这门课，很多同学在最后写计划书和路演时才真正参与进来，而之前我们虽然也组队了，但却没有团队的协作和努力。我很遗憾没有找到真正的队友。有一次上课训练观察力，我看图片是很认真，但是当老师进行提示时，我才发现很多细节我仍然忽略了，我感觉到自己在某些方面的思考是很片面的，那时候我真的很有收获，可当我想和旁边的队友分享讨论时，他却面无表情表示没有任何感悟，他正在玩手机……"

打破学生一元认知的思维障碍，在培养学生灵活处理事务、创造性解决问题的能力的过程中，将家国情怀、职业理想、创新意识、理解尊重等观念根植于大学生的潜意识中，除运用多样化的教学方法将思政内容融入教学过程外，也需要教师引导的平台情景与项目任务。来自某文科专业的同学对课程的预期需要教育者深思："我以为创新创业课会去户外实践，没想到是待在教室里上课。"大部分高校的双创教育教学在"互联网+"时代经济社会飞速发展的背景下，凸显出教育内容滞后、专业融入度不高、课程体系设置不合理、创新技术优势不足等问题。如何破解以上诸多问题？不能将希望都依托于双创教师高效的课堂教学设计，更应该整合资源建立让学生自我表达、自我实践、自我展示以及自我检测的开放性平台。该平台不局限于课程教学在线平台，是整合校内外创新创业类导师队伍，开发双创课程思政资源，归类国内外双创比赛项目，开展各类交流活动，激发师生学习与创作热情的实践环境平台。

5.4.3　课堂师生冲突和解之后的情感升华

理想的教与学的关系是实现师生之间水乳交融、和谐共生的关键，而该关系的实现总是伴随着双方权利博弈。在博弈过程中不断出现的课堂冲突给教与学的关系构建提出了挑战[①]。大学课堂教学过程中，课程思政建设往往在细节处更具实践意义。例如，师生在处理课堂中的冲突与挑战时正确有效的态度和处理方式，更能落实立德树人的根本任务从而实现"三全育人"。

某学生在谈及课堂场景时分享了一个片段："有一次在专业课的课堂上老师问了一个很难的问题，很多人被点名后不是沉默就是直接说不会。老师的脸色越来越难看，坐在第一排的我转过头去问后排的同学，这一连串动作被老师看到了，她直接走到我的面前示意我站起来，问我的姓名和学号。我知道，这意味着我将被扣分甚至挂科。她没有给我解释的机会，可能在老师看来，她的举动是严格和认真，在我们学生看来就有点心胸狭窄。"

互联网时代，大学教师知识权威的地位逐渐式微，在以学生发展与成长为中心的教学课堂，教师仍期待学生是主动并遵守课堂规则的，他们无意识地倾向于有课堂回应的学生。学生则在课堂上呈现出更多自我色彩，他们认为教师应该理解并支持自己，当发现所学课程或教学风格并非自己的喜好时，会选择用自己的方式进行反抗。"理想的教育形式要求教师在

师生互动过程中做好服务学生的工作"①，达成"人对人主体间的交流"②。在这个案例中，教师和学生之间显然缺乏交流和沟通。但这样的课堂冲突并不少见，A 老师也遇到过。

A 老师说："尴尬或难堪的场景让我印象深刻。我记得某个班上的一个学生经常玩手机，其实我已经提醒他好几次了。第一次提醒的时候他马上就放下了手机，但是很快他又开始玩手机。对于一个教室 100 多人上课的课堂，教师的控制力会消减很多。他玩手机实在是太放肆了。于是，我走到他的面前问他的学号和姓名，打算对他的平时成绩做一个扣分的处理，因为我如果不管他的话，别的学生就会觉得老师是默认上课可以玩手机的。然后他不作声，只是一直看着我，眼神很空洞。那一刻我是有情绪的，我从来没有想过，学生会对老师的要求用默不作声来拒绝。当时我很想呵斥他，但是我又觉得没有必要，我深呼吸一下，走上讲台继续上课。后来我在上课时就不怎么管他是否玩手机了，但实际上我仍然在观察他，我觉得他似乎在人际关系方面存在一些问题，至于为什么有这种感觉我也说不上来。有意思的是，有一次我和那个学生在校园里碰面了，他看着我，好像有一些话想说，但他还是什么都没有说。我也温和地看着他，用眼神告诉他，课堂上的那次冲突我已经让它过去了，眼神交流后他明显也轻松了很多。如果说学生用沉默来表示抗拒让教师尴尬的话，那么学生直接说'不'就让人难堪。还是一个大班教学，一个男生不仅在玩手机，还将手机里的一些视频放映给同桌看，这个行为对我来说就是一种挑衅。于是我走到他的身边直接没收他的手机。他很吃惊，想都没想就站起来从我的手中把手机抢走，用生硬的语气说：'老师，我手机里有隐私不能给

---

① 陶丽，靳玉乐. 论师生互动中的教师领导：基于机体哲学的思考 [J]. 教育理论与实践，2017（7）：51-55.

② 卡尔·雅斯贝尔斯. 什么是教育 [M]. 邹进，译. 北京：生活·读书·新知三联书店，1991：3.

你。'那一刻，所有人的目光都投向我们，我有些难过，更有一些愤怒，我从来没有想到学生会有这么激烈的反应。当时理智告诉我不能和学生再深究，但是我必须处理好这件事情。于是，我沉默了几秒钟，缓缓地说：'作为老师，我已经尽到教师的责任。作为学生，学不学，学得好不好，是自己的事情。'话说完，班上很多学生都开始鼓掌。那个学生也很不好意思，一场风波也只能这样平息了。下课后，我的脑子还会浮现当时的场景，然后有一个声音在问我：'有没有更好的处理办法？'"

在 A 老师的课堂场景重现中，师生冲突源于学生的课堂犯规。面对学生明显的课堂挑衅行为，A 老师内在的尊严和学术权威受到很大的削弱，他没有过多的时间思考如何应对突发的冲突，这对于他来说是教学学术能力的考验。"唯有教师遵循合道德的教学观念和教学行为，追求道德的目标，才能保证学生身心健康发展。"① 可见，教师用理性智慧的方式进行"变脸"，不仅悄然化解矛盾，也能引起其他学生的共鸣与支持。在双创教育的课堂上，教师应用理性的方法处理问题，以人格魅力感染学生，才能逐渐树立自己的"德威、学威、才威和识威"②，从而达到润物细无声的思政育人效果。当然，在课堂深描过程中，我们还会发现有另外一种冲突——学生的质疑。

D 老师说："基本上，我们教师都会有口头禅，而我的口头禅就是'嗯嗯嗯'，表达的是一种认同和回应。但是在课堂上发生的事情让我慎用这种回应。"D 老师在教学笔记上记录了这样的课堂场景："有一次我邀请一位同学上台发言，这个学生比较认真，发言的时间较长，我站在他的旁边，不由自主地用'嗯嗯嗯'来回应他的分享，突然他停了下来转向我，

---

① 任海宾. 教学伦理冲突类型与教师解决能力提升研究 [J]. 课程·教材·教法, 2017, 37 (1): 54-61.

② 胡世港，张洪春. 从教师职业精神的消解与重构看师生课堂冲突的化解 [J]. 职业技术教育, 2020 (2): 56-59.

说：'老师，你能不能不要嗯嗯嗯，我觉得这样很敷衍。'我愣住了，我从来没有思考过原来对于学生而言，教师的回应会给他们敷衍的感受。当时我的脸有些发烫，在课堂上被学生质疑态度是生平的第一次。我马上解释：'哦，我以为我的回应是一种认同，没想到给你带来糟糕的体验，很抱歉，我后面会注意。'于是，学生继续发言，我不敢再回应，他说完之后就走下了讲台。我看到他的同桌和他讲了些什么话，他的脸变得更白了，一整节课都没有精神。下课之后，我悄悄走到那个学生旁边向他道谢，因为他提醒了我某些细节的不当处理。那一刻，他明显地松了一口气。"

在教育民主化浪潮下，师生之间的课堂博弈逐渐过渡为民主、平等的对话。在这种语境下，教师被学生提醒后意识到自己的行为挫伤了学生的积极性后，教师的反应和处理极为关键，这将提升教师反思性的实践能力，从而带来持久性和谐的课堂师生关系。

当然，教师在课堂中不必追求稳定不变的秩序，而是要持续思考如何让学生持续有效地参与。在学生产生学习惰性或敷衍对抗时，教师需要强化课堂权威，把立德树人的信念落实在课堂管理的实践层面。

C老师之前的教学课堂以小班为主，刚适应大班教学的她对课堂中的某些环节印象深刻。

C老师说："无论是教师还是学生，对路演的态度都应该是认真负责的，毕竟相当于课程的成果汇报。那个班平时就给我一种很沉闷的感觉，但我仍很希望将他们的创新创业热情点燃。在路演阶段，他们看上去还是表现不错的，直到某一组上场，把我的怒火点燃了。路演本来就只有五分钟，那个组的路演者是组长，他在台上用不冷不热的语言随随便便地讲解他们的项目，项目的PPT就是一些文字的堆砌，敷衍而随意。组长讲完之后就是评委的模拟答辩环节，评委很认真地问问题，但路演者的回答完全是前言不搭后语，也可以说是嬉皮笑脸极不认真，因为路演者的态度，让台下的其他同学也变得非常随意，时不时还哄堂大笑。我强忍着等他们的路演结束，然后站起来很严肃地问路演者：'你满意你的表现吗？请问这个路演过程中哪一个点让你们感觉这么好？哪个评委觉得你们可圈可点？或者请你们回顾一下你们这个项目真的能产生成果吗？在我看来，你们还不能清楚地认识自己的项目。态度很重要，但在这个环节里，你们的态度让我都不好意思了！'我的话音刚落，骚动的教室马上安静下来，连坐在最后排的学生也停下自己手上的活看向我，估计他们都没有想到老师也有发火的时候。课堂一片沉默，大约几秒钟之后路演继续，但后面的团队的表现明显就好了很多。"

对这样的课堂表现不佳，教师及时出手干预，学生的感受和印象是怎样的呢？我们也进行了场景的还原。

我们随机邀请了 C 老师那个班级的学生进行访谈。该学生从小对创新就感兴趣，小学时参加科学小队，初中和高中参加飞机模型比赛，属于动手能力较强的学生。在他来看，该课程的路演环节让他印象深刻，因为他对自己的项目非常熟悉，作为路演者他讲述得非常生动，观察到每个人都听得很认真，并且得到了教师的赞许。当谈到表现不佳的那组，他进行了场景的还原。

该学生说："那天那个组的路演者真的很不认真，大部分同学都觉得创新创业课程没办法真正帮助到我们，毕竟我们班的同学都是以考研为目标的。因此，我们组开始组队的时候只有三四个人，后来那些'划水'的同学发现我在认真做项目就都加入我的团队中来了。我很无奈，如果拒绝他们就会影响到同学关系，但是我的内心是觉得不好的。那个组就是许多'划水'的同学的缩影。没想到这会让老师发火，毕竟 C 老师很有涵养。不过我觉得这个插曲有立竿见影的效果，让大家知道了老师的态度和关注的方向。课堂纪律一下子好了很多，大家认真严肃了很多。"

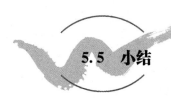

5.5 小结

　　创新创业课堂的课程思政设计与真实的教学实践清晰呈现了课程思政的价值导向、设计理念、目标元素在具体课程的课堂教学过程中的深度融入与贯彻落实。其中有师生之间障碍、停止、割裂、突破和升华等阵痛与成长，我们很欣慰地观察到双创教师通过指导者、陪伴者、观察者的角色转变，通过自身的情绪、语言和行为逐渐激发学生的学习激情，塑造学生的内在价值观，体现课程思政、知识提升和能力培养之间的有机结合。"现在青少年的人身比从前任何时候都更为安全，然而他们的心智却更脆弱了"[①]，同时高校教学课堂上的学生沉默与逃避，课堂内外的躺平与内卷等现象较为普遍。在进行"金课"建设的过程中，运用网络线上平台进行教学改革项目各有侧重并产生良好的效果。从本书研究的课堂深描来看，融合课程思政改革课堂教学的关键仍是教师与学生的心理相容和精神契合。

---

① 格雷格卢金诺夫，乔纳森海特. 娇惯的心灵 [M]. 田雷，苏心，译. 北京：生活·读书·新知三联书店，2020：56.

6

创新创业教育教学的
现状与特色、对策与建议

6.1 创新创业教育教学的现状与特色

本书运用深描、访谈、随笔阐述等方法，对某高校创新创业教育教学进行呈现。正如研究者所言，众多高校正在结合我国国情走一条"专业式"与"广谱式"双轨并进、"问题导向"与"学科导向"兼顾、"政府驱动"与"高校需求"互动的特殊道路①。作为高校教育教学改革的新理念，创新创业课堂教学摆脱了传统教学形式的单一，与课程思政有机结合，形成特色的教学风格。但是，在新形势下，创新创业课堂教学需要进一步抓住人工智能的特点，逐步扭转大学生对创新创业的淡漠意识，打造特色创新创业课程体系、教学资源、师资队伍，构建创新创业"悟道、应用、转化"的教学范式。

6.2 创新创业教育教学的对策与建议

6.2.1 结合人工智能时代特色，加速双创教育教学发展

创新创业教育是中国高等教育特色的教育理念②，其使命不限于带动就业，更是培养学生的双创精神和意识，不断提高学生的素养并赋能未来的成长。在人工智能时代，创新创业教育将凸显其重要价值。在未来，只有那些具备更高教育水平或特定技能的劳动者，才有更多机会在创造性要

① 王占仁.中国高校创新创业教育的学科化特性与发展取向研究 [J].教育研究，2016，37（3）：56-63.
② 王洪才.创新创业教育：中国特色的高等教育发展理念 [J].南京师大学报（社会科学版），2021（6）：38-46.

求更强的岗位上重新实现就业①。人工智能产生的新产业要求工作者具备创新创业的精神与能力②，这对双创教育教学提出了新的要求和挑战。创新创业教育在其目标和内容上要增强与人工智能活动的协作管理能力，如计算思维和数据思维、人机协同能力、数字创新创业能力等③，未来培养的是高阶、多元、综合、全面的人才。未来的创新创业教育要在融合各个学科的基础上，设置交叉学科领域的创新创业课程体系，如开设系统的人工智能课程，增加人文、艺术、社会科学学科课程以及开发跨学科的创新创业课程④，在创新创业的课堂教学推动学习者在其专业领域中整合创新思维，进行跨学科合作和创新尝试。

6.2.2　挖掘融入思政元素，活跃双创课堂教学氛围

创新创业教学课程具有其生动的应用导向，无论是思政教育的目标、元素还是教学设计与落实，都体现其独特性和挑战性。在创新创业课程教学的改革与发展中，引入课程思政的教育理念，既是以新思路、新方法为课程优化提供可能，也是思想政治教育发展完善的逻辑必然。从理论依据来看，创新创业课程以课程与教学论为基础，在课程目标、内容、活动和评价中全方位融入课程思政，推进双创教育与思政教育的深度融合；同时，融入生生之间的赋能理念，合理运用现有的智慧教室资源，开展线上线下混合式教学的实施模式。本书的研究参考华南师范大学谢幼如教授

---

① 蔡跃洲，陈楠. 新技术革命下人工智能与高质量增长、高质量就业 [J]. 数量经济技术经济研究，2019（5）：3-22.

② 马永霞，王琳. 人工智能时代的创新创业教育：价值旨归、变革逻辑与实践路径 [J]. 清华大学教育研究，2023（12）：115-119.

③ 李冀红，庄榕霞，年智英，等. 面向人机协同的创新能力培养：兼论面向智能时代的创造性人才诉求 [J]. 中国电化教育，2021（7）：36-42.

④ 马永霞，王琳. 人工智能时代的创新创业教育：价值旨归、变革逻辑与实践路径 [J]. 清华大学教育研究，2023（12）：115-119.

《智能时代高校课程思政的设计理论与方法》中课程思政设计框架与研究
方法设计制定了大学生创新创业基础课程的课程思政设计框架（见图 6-1）
与具体实施方法。

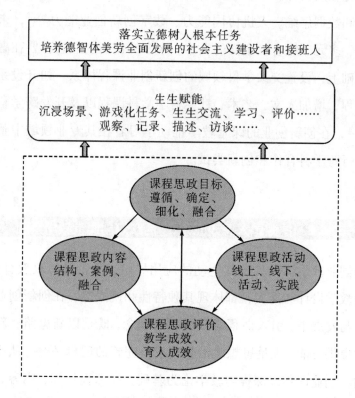

图 6-1   大学生创新创业基础课程的课程思政设计框架

创新创业基础课程的思政目标对标新时代党的教育方针，落实立德树
人根本任务，培养德智体美劳全面发展的社会主义建设者和接班人。创新
创业基础课程结合各个高校的办学特色与学情概况，对具体章节的思政目
标进行确定、细化和融合，其中包括家国情怀、创新意识、创业理想、乡
村振兴、社会责任等，融合相关案例重构知识体系和教学内容，通过线上
的项目导入、线下活动实践的教学过程完成育人的教学使命。创新创业基
础课程的课程思政实施过程如图 6-2 所示。

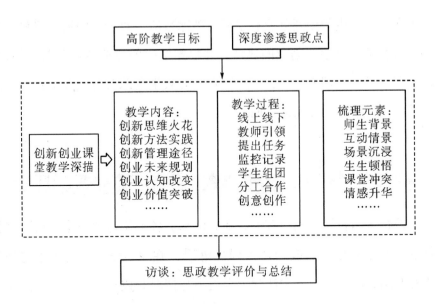

图 6-2　创新创业基础课程的课程思政实施过程

6.2.3　转变双创教师角色，探究特色教学模式

在创新创业教学过程中，双创教师不再是传统意义上的高校教师，而是成为学生的引导、指导和及时激励的教练。教师关注学生的自学、反思、应用能力的成长，这对教师自身的跨学科的教学学术能力提出新的要求。在课程的教学环节，教师首先是导师，其对学生的认知层面、技能层面和精神层面起到指导和反馈的作用。其次，教师还充当着每次训练环节中的观察者、督导者和必要的合作者的角色。教师针对每个教学目标提出训练任务，并带领学生以团队合作的形式一起参与项目的探索与挑战，在师生和生生互动中，教师将观察结果进行反馈，提升学生的沟通合作能力，进一步激发学生的潜能。最后，教师还是教学资源的提供者和教学过程的激励者。教师根据学生的特点及学习进度，为学生提供相关的设备、信息和案例以及合作者资源，帮助学生扩展视野、提升能力。双创教师的

关键点在于对学生的创新创业意识形成破冰效应。双创教师通过案例和实训环节激发学生对创新创业的热情，并根据学生的专业特点和具体情况，主次分明地进行实训教学，合理利用有限的教学资源对有专业背景和浓烈兴趣的学生进行不同方向的定向培养。

6.2.4 开发过程性、成长性的实训环节和评价工具

随着技术的日益成熟，双创教师应该掌握各类智能化技术手段，将教学评从"结果视角"转变为"过程视角"①，在立足学生创新思维与创造能力相互结合的基础上，关注学生全程参与情况和成长节点，从而建立一个多元化的立体化评价体系。例如，对学生的评价不仅只评价其个体的学习成长和项目质量，更注重个体在团队中的综合表现，"电子档案袋、数字徽章等评价方式的出现，能够更加生动形象地记录学生创新创业开展的全流程和各环节的具体内容，从而创新双创教育教学的评价机制——除了可关注最终成果，也能够同时关注参与过程"②。

6.3 小结

在本书的研究中，创新创业课程以线上线下混合式教学为主，培养学生团队协作和创新创业思维；以线上视频学习和测试作业完成加深学生对

---

① NADEEM KHALID. Artificial intelligence learning and entrepreneurial performance among university students: Evidence from malaysian higher educational institutions [J]. Journal of Intelligent and Fuzzy Systems, 2020, 39 (4): 5417-5435.

② 侯浩翔，张先义，王旦. 教育机器人可以提升学生创造力吗？基于48项实验与准实验研究的 Meta 分析 [J]. 华东师范大学学报（教育科学版），2022 (3)：99-111.

创新创业知识的理解与运用；以课堂讨论和完成任务形式加深学生对创新项目的完成体验。从课堂教学深描与访谈等研究结果来看，教学评价的对应性标准方面有待进一步完善。在今后的教学中，双创教师可以考虑针对某种课程目标，有针对性地进行活动强化，除进行知识和能力的维度评价外，还要对情感和思政效果实现有效的周期性评价。

7

研究结论、创新点与研究展望

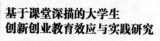

7.1 研究结论

本书综合运用了创新创业教育学、心理学、社会学等理论，采用了文献数据分析、深描法、访谈法等质性方法，结合理论与实证研究，对创新创业课堂教学进行较为系统的观察与总结，得出以下结论：

第一，创新创业教育的课堂是由具备综合素养的创新创业教育者引领的，注重师生参与的，激发创新创业梦想的场所。对创新创业教育教学的研究，可以从校园的课堂微观视角进行，走进教学场域，通过观察、访谈、描述、解释等混合的方法去寻求双创教育教学的意义。

第二，创新创业教育教学以人的成长为中心，其核心是既关注学生的全面发展，也注重教师在其中的角色成长。创新创业课堂教学非常重要，其服务于我国高端人才能力的培养，同行于课程思政的协同发展，也成为教学学术重要的研究对象。创新创业教育理论与实践研究体系逐渐丰富，但在微观的课堂教学观察与研究领域有待进一步探索。

第三，对创新创业课堂教学的观察与深描研究建立在课前准备的基础上。研究团队基于教学实践、经验累积和实地检验，针对课程重难点和学生特点提炼并开发一系列关于创新思维、创业价值、创新创业能力提升等相关的案例和练习，并提出注意事项或教学反思的总结。

第四，研究团队对某大学创新创业基础课程进行课堂观察和深描，发现师生背景差异造成对互动情景的理解差异，教师可以及时发现这种差异，并运用课程思政、教学导向和评价等导向场景沉浸中的生生顿悟，在课堂师生冲突和解之后产生情感升华，从而达到学生素质的全面提升。

第五，在观察深描与解释的基础上，研究团队提出相关对策与建议：结合人工智能时代特色，加速双创教育教学发展；挖掘融入思政元素，活跃双创课堂教学氛围；转变双创教师角色，探究特色教学模式；开发过程性、成长性的实训环节和评价工具。

7.2　创新点

7.2.1　研究内容创新

关于大学生创新创业课堂教学的研究尚少，对此进行优化路径的研究薄弱。本书的研究从创新创业课程理念、目标、内容、方法进行设计，总结出了较为典型的双创实训项目，为课堂教学学术研究提供参考。

7.2.2　研究视角创新

已有研究多从教育理论分析展开，缺少教育学与其他学科（社会学、心理学等）的学科交叉多视角研究。本书的研究从交叉学科视角出发，拓展该学科的研究领域。

7.2.3　研究方法创新

对创新创业教育教学的研究多为理论分析，缺乏有代表性的实证和质性研究。本书的研究采用深描和解释，进行细致、聚焦和深入的大学生创新创业课堂研究，并提供较为全面的和具体的场景深描片段、课堂教学随笔以及详细的课后访谈记录，为创新创业教育教学的研究提供了具有可操作性的方法和技巧。

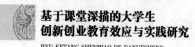

7.3 研究展望

　　从目前的研究趋势来看，对创新创业课堂教学实践和效应的深描研究属于未来的热点，相关的文献并不多见。对课程教学的进一步深入的变革，包括教师和学生未来的发展方向、课程内容的构建以及课堂深描理论的进一步发展都是日后研究的方向。

附录
创新创业教师随堂深描笔记与心得

师生的场景互动

　　先讲一件非常有趣的事情。在某一培训中途，我提议我的学生助教组织一场游戏。既然是游戏就要分组竞争，因为人数的原因，我的助教就命令我加入其中一个团队凑齐人数。我当然愉快地答应，然后全身心地投入。游戏类似于听口令然后马上作出正确的反应，我所在的小组开始有些拘谨，我则很快发现了这个游戏的诀窍并分享给组员。接下来，我们组基本上场场是冠军，我们组的一个女生很高兴地夸我："你好聪明啊！"我当时很害羞地低下了头，再怎么说一个快 40 岁的女生被一个 20 多岁的女生夸"聪明"，都会有点不好意思。

　　然后我就想为什么我会被夸聪明呢？不仅是我思考并总结经验，更重要的是，我能跨越年纪的"鸿沟"，跟年轻人一起参与其中。现在的教师和学生最大的问题是双方都很难去参与到对方的世界里。我在这里没有说不能，但确实有很大的难度。

　　参与式教学，究竟谁参与谁呢？当我们将"教师中心论"和"学生中心论"进行对比时，是不是将教师和学生割裂了呢？

　　就像梳理创新思维时，我们也在进行割裂。我们把常规思维和创新思维割裂开来，告诉大家，创新思维的反面思维，避开反面思维就一定能锻炼创新思维吗？这种方式是不是会将创新思维狭隘化呢？

　　那么，究竟什么是创新思维呢？

　　我们还是本着科学的精神，了解人类历史上认知过程和思维方式的三次变革。第一次是古希腊哲学家亚里士多德提出的演绎法——大前提、小前提、结论，给知识以普遍的理论基础。第二次是培根的归纳法——在观察和实践中多级归纳，逐渐攀登上升至普遍公理。第三次是爱因斯坦的直觉法——从特殊到一般，是直觉性的；从一般到特殊，是逻辑性的。演绎法、归纳法和直觉法的综合运用，实现了原创性科学发现。

　　直至这里，我们看到了爱因斯坦把直觉放在了一个前所未有的高度。这里的直觉和我们普通理解中的直觉不是同一个概念，它是基于对理论的深刻认知和对实践的仔细探究之上的见解，即非理性的逻辑思维。它也不是归纳方式，是从瞬间感悟到领悟而"跳跃"到事物未知部分的那种能力。我们熟知的德国数学家高斯在 9 岁就用自己的方法轻而易举地算出了 $1+2+\cdots+100=5\,050$。高斯在 19 岁完成了仅用尺规构造出 17 边形，并为流传了约 2 000 年的欧氏几何提供了古希腊时代以来的第一次重要补充。这就是一种直觉的体现。

直觉并非仅是一种感觉，而是一种能力。创新思维的核心在于直觉，有了这种能力，就可以和很多人看同样一件事情时，能有不一样的见解，在解决同一个问题时，有了不一样的——准确地说，是更高效特别的解法。

在课堂上培养学生的直觉并非易事。教师要结合现在较为新颖的创新案例，让学生在思考中恍然大悟，了解思维方式的流动性、可变性和发展性。特别是在理解创新技法的时候，教师将引导学生做大量的创新训练，并利用多媒体教学工具——学习通等，不断展示创新需要方法，不同的方法造就不同的创新。教师不完全依靠教材，对教材中知识性的内容不做过深的解释，只要求学生知道就可以了，"兴趣是最好的老师"。如何将枯燥的理论知识讲得通俗易懂，如何调动学生的学习积极性，这些都是教师必须考虑的问题。否则，照本宣科或理论讲得过深，都会使学生难以接受、失去学习兴趣，从而对学习产生不利影响。

在培养学生的创新直觉时，我倾向于首先抛出问题：如何让行人不踏进私人花园？我先让学生尽情地进行思维发散，天马行空地回答问题，然后进行剖析，让学生理解创新思维是指用新颖独到的方法解决问题的思维过程，以求突破常规思维的界限，用崭新的方法、视角去思考问题，提出解决方案，从而产生新颖的、独到的、有意义的思维成果。

之后，我再带着学生进入情景提问：如果被鳄鱼咬到大腿你会怎么办？这个案例源于真实事件，国外的一名 7 岁的女孩在森林公园游泳时，被一只野生小鳄鱼咬住大腿，她的自救举措就是用手指堵住鳄鱼的鼻孔，鳄鱼不得不松口呼吸，小女孩由此保住性命。看问题，要抓住本质——被鳄鱼咬了，其关键是如何让鳄鱼松口，这是问题的本质。培养创新思维，特别是直觉能力，需要搜寻大量的案例和问题。但案例和提问不是关键，关键在于个体对自我改变的内驱力。个体的思维主要受到长期的生活经验和学习模式影响，从而产生模式固化，短时间内较难发生根本性的变化，这需要一定时间的训练。对于大学生而言，创新思维的形成需要内驱力，也就是主动地自我改变。

关于自我管理的反省思维

人要具有自省思维。

人要知道自己是属于阅读型的人还是倾听型的人。前者擅长资料的查阅并能经过自己的分析思考加深理解和记忆；后者倾向于听取他人传递的信息掌握重点。那么，有没有第三种人，就是不读也不听的？肯定也是有的，但不在管理学大师德鲁克的讨论组织与个人的范围之内。德鲁克并没有继续分析哪种人更适合哪种组织，他只建议在合适的场景里用擅长的方式收集信息做出最适当的判断。

在我的生活工作中，经常会看到这两类典型的。

A，某知名大学博士毕业，顺利评上副教授，平时说话不多——这主要是看场景，遇到合适的对象或者是上课，他立刻滔滔不绝，但如果是遇到话不投机者，他就呆若木鸡，因此经常被人誉为"读书人"。他显然是阅读型的人，曾经放出豪言壮语要著作等身，估计离目标不远了。在对关键信息的获取上，他不是很赞同开会或讲座，尽管他仍然会去听，但听来的信息他会有所保留，经过自己的分析和整理进行筛选。在互联网发达的今天，几乎全民都沉浸式地刷某些短视频，他却从不下载和浏览，"碎片化的信息不完整，而且容易让人糊涂。"说完这句，A慢悠悠地拿起一本学术杂志醉心其中，"当然，学术论文其实也不有趣，但有用"。

B，硕士，某大学的讲师。他的人生起点非常高，属于在众人艳羡和赞赏的眼光中长大的天之骄子。他年轻时就出国，学成归来后依旧是少年。B的出场方式远比A要震撼，很多女性在初识B时会秒变"迷妹"——只要B愿意表达，他的语言总是富有很多信息，这些信息显然不是书本上较为沉闷的语言，而是经过刻意包装后产生的带有现代色彩的语言——加上B的背景渲染，很难不让人着迷。但经过时间的沉淀后，细心的人则发现这些信息经不起推敲，为什么呢？因为B掌握关键信息的渠道来自网络。B不是一个能静下心来坐在书桌前慢慢细读经典的人，他更热衷于用几个手机自由切换地看海量的视频或网络直播，他认为这是在与世界接轨，毕竟21世纪了，一个人一周接收的信息量可能是过去人一生接收的信息量。"哪有时间去看去琢磨，听才是最关键的。等你看完那些再起身做事，黄花菜都凉了。"B 有一种魔力，让人觉得他的抉择一定是最优的。他本身就是不爱阅读的，或者说不擅长阅读。

为什么要讲这两类典型的人呢？因为德鲁克的观点很有意思。他说，个人要知道自己是合作型的人，还是独立工作型的人。武侠小说家古龙先生曾在小说里如哲人般地说了一句话："有人的地方就有江湖。"从小成长于熙熙攘攘、人来人往、有烟火气地方的我很难想象有什么工作是完全脱离群体独立一个人完成的。

当然，德鲁克进一步解释——要清楚自己和工作中的人产生互动时擅长的工作方式是什么？

回到上面所说的 A 和 B，我们就会发现微妙的变化。A 是典型的阅读型的人，在生活和工作中是一个非常乐于合作的人，很多棘手的事情在他的处理下变得简单而有序。

擅长倾听学习的 B 更适合独立工作。尽管他平时不断在网络世界里收集各种有价值的信息，但他在现实生活中却表现出很大的人际沟通问题——很多简单的事情在他的处理下变得复杂而捉摸不定，虽然他一直在表达，但显然他表达的时候从不认真关心听话的人想听什么。

德鲁克认为，一个人无论是阅读型的人还是倾听型的人，都是认知能力的区别，而真正影响一个人职业生涯发展的，关键在于他和这个世界的沟通能力。他要真正地审视自己，发现沟通能力的差异并很好地扬长避短。做到这两点的人或许能摆脱生活和工作中过多的烦恼。

比如让阅读型的 A 做合作型的工作肯定不错，让他独立工作，也没有问题。但如果让 B 做合作型的工作，可能就是一个巨大的挑战，这或许会消耗他大量的时间和精力，而且还可能做得不好。

这就给领导者一个提醒，一方面是要懂得让合适的人做适合的事，另一方面是关键在于那个人需要有一定的自省能力。

这里可能会有一个困惑，就是如何确定一个人是独立型的人还是合作型的人？这还是要了解个体内在的价值观。德鲁克着重谈到了个体的价值观，他强调价值观最为关键，个人和组织的价值观并不是说一定要完全一样，但要努力兼容并存。

管理他人的学问

一个私企老板 A，在年轻的时候遇到了一个志同道合的伴侣，在伴侣的鼓励下，他没有走常规路线——毕业就业，而是选择了毕业创业。根据他的回忆，当年没有太多的启动资金，但是捕捉到一个很好的创业机会：20 年前，国人的收入逐渐增加，许多国人不满足于单一的交通工具，开始购买家庭轿车。在这种大环境下，A 开了一家品牌车代理店，销售汽车。通过数年的打拼，A 成了一位较为成功的创业者。

但很奇怪的是，A 在家境优渥、事业有成之后，开始焦虑甚至抑郁。A 的妻子很体贴，A 的孩子也很可爱，A 自己也说自己对生活还是很满意的，但是 A 就是很苦闷。直到 A 在做心理咨询之后，A 才知道自己内心有一个心结，就是关于自己下属 B 的问题。A 在创业初期就遇到了 B，B 的专业是财会，精于计算、勤劳朴实。一直以来，A 的公司的财务都是 B 负责。A 和 B 之间的感情很好，A 把 B 当成自己的朋友甚至是家人，两个人一起合作了很多年，A 给 B 开了很高的工资，哪怕在公司困难的时候，A 都从不降低 B 的薪酬。直到有一年，A 的另一个好友（也是会计）提醒 A 查账，因为好友觉得 A 的公司的利润和营业额是有一些问题的，查账之后 A 非常吃惊，仅两年时间，B 就用做假账的方式挪用了 40 万元的公款，用这 40 万元购置了第二套房产。A 气愤地将 B 开除，但是他实在想不通人性，为什么对 B 这么好，换来的却是无情的背叛。

管理员工至少要知道三个管理学方面的理论，并且将理论运用于实际的生活当中。

第一个理论是道格拉斯·麦格雷戈的 X-Y 理论，也就是人性本恶和人性本善理论。X 理论对人性的假设是人都是偷懒的、不喜爱工作的，因此对人的管理就是鞭策式的，鼓励竞争，激励员工拼命工作。Y 理论对人性的假设是正面的，即人作为社会的个体，有着充分的主观能动性，有着无限的潜能，因此管理者应该是辅助者，充分开发员工的潜力，从而实现企业与个人的共同成长。运用 X-Y 理论并进行成功实践的管理者有很多，但也出现过不少问题。因为这两个理论都过于片面，非此即彼，忽略了个体的复杂性和可塑性。

　　第二个理论是大众都较为熟悉的马斯洛提出的需求层次理论。心理学家马斯洛认为，人类的需求从低到高的顺利为：生理需求、安全需求、归属需求、尊重需求和自我实现的需求。在管理中，管理者不仅要关注个体的生理需求和安全需求等较为低端的需求，也要关注个体的归属需求、尊重需求等心理方面的需求，这样员工才会得到更多的激励从而不断实现自我发展，实现自我价值。马斯洛的需求层次理论得到了许多管理者的青睐，尽管有一些专家对此理论有一些质疑，但基本上该理论囊括了不同阶段的个体对物质或精神的需求。事实证明，当个体的精神世界较为自由和愉悦时，其创新能力也会持续提高。

　　赫茨伯格提出了双因素理论：激励因素和保健因素。在管理当中，这两种因素产生的作用截然不同。

　　保健因素包括工作环境、薪酬、上下级关系等除工作本身之外影响员工的因素。对这些因素员工不一定会满意，但如果达不到满足，员工会产生不满甚至消极怠工。比如年终福利，发了不见得产生满足感，但如果取消一定让员工怨声载道。激励因素包括工作成就感、职业有所发展或职务晋升等工作本身的各个方面。如果员工得到了这些激励会非常满意从而干劲十足，如果没有得到这些激励，员工也不会产生多大的不满，但是有可能会引起员工的职业倦怠。

　　回到开篇案例，我们运用三个理论来解释的话，发现 A 在管理中应该了解 X-Y 理论，同时关注人性的复杂性和多面性。同时，我们不能期待每个员工都有足够的自我反省和控制能力，能抵御一切金钱的诱惑。最重要的是，优渥的薪酬、良好的上下级关系、自由宽松的工作环境只能保证员工不会产生抱怨，并不能很好地激励员工，让员工看到工作的希望才是激励的关键。

　　在我的课堂上，这些未来可能会成为创业者的学生是需要掌握一些管理的知识和技巧的，哪怕有一天他们是被人管理的，也能理解管理者背后的逻辑和苦心。因此，我会提议每一个学习团队中的每个人轮流管理团队。事实证明，团队中的普通参与者很难做到全情投入，往往领头羊会是最投入的。管理学专家的观点表明，在团队里忠诚可能只是一种保护色，非常重要的是员工的敬业度，也就是员工能够全情投入工作当中。这个因素与工作绩效存在着显著的相关性。因此，我经常鼓励每个人主动充当管理者的角色，并尝试提高团队的敬业度。当然，仅是鼓励肯定不够，管理者还需要知道怎么让自己的团队变得更好。高校大学生相较于社会上的成年人，有着较为诚挚的热情，少了迂回委婉的成熟，因此在处理团队管理冲突时就呈现出有趣的风格。笔者的课堂上就发生过一次团队管理冲突。

在某个学期期末的课程路演考核过程中，有一个团队的负责人在做完项目路演后突然说："老师，我还有一段话要说一说。"当时我还没有反应过来，认为他是想做结束感言，就默许了他。他直接控诉团队中某一成员的不告而别（在没有任何交代下去了另一个团队），他愤然宣布将该成员踢出团队。当他话音刚落，那位"不告而别"的成员也迅速冲上讲台发言，大意就是在团队中受到不公正待遇，负责人经常给他布置一些难以完成的任务，从来不听他的意见和建议。顿时现场变得前所未有的沸腾，大家都在等着"战局"的进一步升级。我马上阻止两位同学的争论，毕竟这是路演考核的现场，我建议他们等下课再来讨论，先将这个问题做冷处理。在下课之后，两个人纷纷拿出了当时的聊天记录进行各自观点的佐证，负责人指责成员不打招呼就离开团队，不懂得尊重团队，没有奉献精神；该成员指责负责人偏袒其他成员，不公平公正。最后，团队的协调工作并不理想，两人仍然是怒气冲冲。

反思这个课堂案例，我深刻认识到管理的难处。我参照了英国城市大学教授戴维·麦克劳德的观点，给学生团队的管理者提出以下建议：

第一，管理者要让团队的成员非常清楚目标是什么。这里不仅仅是团队整体的目标或愿景，而是要让每个成员知道作为个体，他的目标是什么。比如完成创业计划书的撰写需要分工明确，让每一个人知道自己要干什么并且在工作中能获得什么。

第二，管理者要把负责敬业的成员放在一线岗位上。这也意味着，管理者也需要身体力行，而不能光发号施令，并且一定要让其他人认同管理者的敬业。这是很多管理者难以做到的一件事情。我们不得不承认，现在很多的大学社团里存在一些不正之风，越是有一定级别的学生干部越是可以随意地指挥别人干活，并美其名曰"锻炼下属"。如果是这样做，谁又会真正全力以赴做事情呢？

第三，管理者想要有效组织工作，就必须真诚和真实，无论是谁，做到言行一致才能赢得信任。

总之，一个管理者要赢得团队成员的信任，至少要记住所有成员的名字，尽可能多地理解成员的诉求，并且以身作则、言行一致。不然，成员不仅是不积极，更有可能直接"用脚投票"。

未来的规划与当下的焦虑和无为

　　高校专业设置的改革是让学生在大二时才真正选择专业。根据这种专业设置的改革，创新创业课也就新设置了一个环节——未来的选择与当下的努力。这个环节一般设置在课程教学的中后期，也就是一年级学生在比较熟悉学院环境和自身特点的基础上，以较为认真严谨的态度面对专业和未来的选择。因为课时的原因，我没有要求每一个人都上台进行分享，而是顺应他们的要求随机摇号，抽取一定人数上台分享。

　　关于未来的专业、职业，或者创业生涯的选择与规划，同学们确实产生了极大兴趣，还有同学自告奋勇当上了主持人。在文艺色彩浓厚的开场白之后，就是随机的抽签了。我观察到很多同学对未来特别是专业的选择是很认真的甚至是紧张的，但也有几个人一副事不关己的样子。有趣的是，被抽中的正是那几个人。尽管不情愿，但他们还是尊重规则上台发言。

　　A 说："我想选××专业，我爸妈认为选择这个专业不错。这个专业涉及的知识面很广，我应该会学到很多。但是，我的重点是以后考研，我也了解这个专业考研的选择面不多。不过没关系，如果我的专业学得好，我也可以不考研啊。我觉得自己能找到一份工作就很好了，至于创业，我还是觉得自己是不可能的。"

　　B 说："我选择专业还真没有考虑太多，唯一想到的就是考研。我一想到要考研就觉得压力大，不过话说回来，谁没有压力呢？不管以后遇到什么，我努力就是了。其实什么样的结果我都能接受，我对未来没有太多想法，但是我还是很担心未来……"

　　C 说："说实在话，学院的这几个专业我都不喜欢。我以后还是会跨专业考研。我喜欢历史，想成为一个小小的历史学家……"

　　D 说："对未来的选择我很谨慎，我自己做了一些性格测试和职业人格测试，我觉得自己是不太喜欢和人打交道的。准确地说，我不喜欢和人沟通的时候弯弯绕绕，所以我就选了这个专业……"

　　这四个同学的发言具备一定的代表性，于是我将他们的话语记录下来。Z 时代的大学生不太会为了迎合而说违心的话，因此分享的心得具备真实性。我们可以看到他们对未来的选择仍然是矛盾犹豫的。年轻人对未来的迷茫是每一代人必然要经历的。但是，他们现在的选择有了以下新的特点：

第一，因为社会发展的大环境的影响，大学生对未来的焦虑与不安更多以隐性的方式呈现。一部分学生用"佛系"或"躺平"的心态掩藏对未来的恐惧，一旦和教师深入交流就呈现出对未来的迷茫和焦虑；一部分学生将选择权交给自己的父母，一切决定由父母包办，他们心智化程度和某些行为举止呈现出了"18岁的孩子像极了过去15岁的孩子"。在本科一年级时就有很多学生确定考研，但如果问为什么要考研，他们可能只是觉得更好就业，或者说本科时不愿考虑就业的问题。

第二，大学生的选择和展望缺乏一定的现实依据，因此他们焦虑的根源之一来自网络世界的信息爆炸和现实世界的自然隔绝。在无形中，他们更容易陷入自己的知识茧房。根源之二是他们在看似轻松自如的大学环境中生活失重，他们很难找到真正让自己觉得有意义且有激情的目标和方向。根源之三是他们缺乏自己内心真实的目标，更没有掌握达到目标的方法。一旦从网络世界或书本考试中走出来，他们就无所适从。因此，在大学，教师应该鼓励他们追寻快乐且有意义的学习方式。

第三，如何缓解对未来的焦虑呢？大学生非常迷茫，或者干脆运用逃避的方式来麻痹自我。对于许多大学生而言，在公开的社交场所讲话是一件让人非常害怕的事情。因此，当有可能要上台演讲时，有的人就会用自我隔离的态度逃避，上述案例中那几个面无表情、事不关己的学生看似淡定，其实内心十分紧张焦虑。紧张焦虑的原因还是源于对失败的恐惧，或者说对付出了很多的努力却还是失败的不甘，与其这样还不如直接承认失败。

在这个环节结束之后，一位同学找到了我，跟我倾诉他未来的选择和苦恼。他是一个大学生创业者，在校期间就做了两个创业的孵化项目，看似还顺利的创业道路上，在他看来还是布满荆棘。

D说："老师，我很惭愧，我觉得我可能会因为挂科而要留级了。我不是一直在做项目嘛，这个其实是要耗费精力的。虽然我的团队里面有几个很不错的成员，但是很多事情还是要我亲力亲为，毕竟我们还在创业初期。这样，无形之中我就没有精力放在学科课程上了。上次有一门课考试，而那天我正好有一个项目路演。我为了更好的状态路演，我就没有参加考试，这门课也就这么挂掉了。现在看来我留级的可能性很大。我还是不后悔的，现在还有政策是大学生休学去创业，我至少还没有休学。但是，我还是会很不好意思，毕竟自己还是有一定名气的，要是别人知道了，我会没有面子。"

当代大学生的苦恼有很多，而且并不是"少年不识愁滋味，为赋新词强说愁"。创新创业课的目标之一就是引导学生树立正确的价值观和创业观。指导学生缓解焦虑、从容面对未来的选择是教师的职责。

在国外许多心理学理论中，冥想是一种应对焦虑、缓解压力的好方法。但在大班课堂上冥想并不是一个很好的选择。我给学生的建议就是用呼吸法来放松自我。调整呼吸确实可以在一定程度上缓解情绪压力。当然，这只是一种技巧，虽然不能解决问题，但有一定的效果。很多人都认为有压力才有动力，事实上很多证据表明，压力和焦虑是意志力最大的敌人。从长远来看，要让学习和工作的状态持续保持稳定，最好的方式是感受快乐和实现价值。有学者给这种状态取名为心流状态，即不让自己疲惫不堪处于高压状态，而是梳理好自己内在的需求，去享受学习或工作给自己带来的快乐。在我的课堂上，我鼓励学生去做自己感兴趣的事情。比如当学生说自己不喜欢自己的专业，想去学历史专业时，我没有像其他人一样，和他分析历史专业的学习难度或就业难度，而是在和他进一步探讨对历史专业的认知以及对日后就业的相关准备，甚至包括他的家庭支持度。我鼓励他选择自己感兴趣的事情去奋斗。这种鼓励是自然的，而他的选择也是符合逻辑的。对未来的选择很重要，因为有时候人和人的差距并不光是由努力决定的，而是由选择决定的。但是，如果我们把人生的时间拉长，然后思考究竟是财富重要，还是内心充实与幸福重要，那么选择的维度也会更多。无论如何，我都希望每个学生能更好地活在当下，就像我和一个女生所说："如果我能回到 20 年前，面对 20 岁的我，我的建议是可以更从容一点，然后一定享受当下。"

关于创业和学业的问题，D 同学是在众多学生中脱颖而出的创业奋斗者。他拥有着创业者的特质，比如勇敢和激情并且很聪明机智。我认为，他只要足够坚持一定会达成所愿。当他和我诉说他的压力时，我才发现他也是一个青年，在情绪方面，他也需要一个导师。

关于他的学习问题，他侧面告诉我，他的辅导员和班主任，包括教学副院长都找他谈过话，这也说明他的学业预警较为严重。在学业和创业之间似乎有着不可调和的矛盾，他在面临选择。在大多数情况下，我们可以把两种选择都付诸实践，也就是说要选择的是行动，这样远比只选择一种而放弃另一种要好。最可怕的是什么都不选择，因为我们容易被"万一"打败。

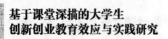

极简思维

确实，我们为什么羡慕小孩子呢？因为小孩子的烦恼很少，无忧无虑。但成年人却因为生活的压力、纷繁的选择、过多的杂物、不必要的社交以及消极的偏见等原因产生消极的思想，从而影响我们的生活质量。我们通常认为是生活的质量还不够高，但事实证明，事业的晋升、生活水平的提高，或者获得一个挚爱的伴侣，还是无法成功地抵御心理层面某些不愉悦的情绪。这时候我们需要回归本源，反问自己，是自己在操控欲望，还是被欲望所控。运用极简思维颠覆传统思维模式的法则可能是一个不错的方法。

我在年轻人的课堂上发起过一次讨论，让年轻人对他们这个年代的人做一次较为深入的剖析。在大约 2 000 个讨论者的总结中，有一个特点被多次提及，就是随着物质生活水平的提高，年轻人普遍感受到巨大的生活和精神的压力。大部分年轻人都有过在遇到压力事件，如考试的时候突然惊恐发作的经历，"感受到窒息，大脑一片空白，而且手也变得不听指挥"。这是很多年轻人对当时惊恐发作的描述。当生活的节奏过快，生活的内容变得紧张而繁重时，人们会产生焦虑、痛苦的体验，于是就会通过某些方式释放焦虑——比如逃避或爆发。这些方式显然会伤害到自身或周边的人。

我很想问现在的年轻人："你们想过什么样的生活？是'躺平'在床上异想天开的生活吗？"据说元宇宙就是想创造这样的生活，但是人不可能永远生活在虚拟的世界当中！

整理生活的第一步，是要确定自己的价值观——也就是自己究竟想成为什么样的人，想过什么样的生活。价值观会成为一个灯塔，让我们能朝着自己期待的方向前进。确定价值观至少要从两个方面入手：确定生活价值观和确定工作价值观。很多时候我们的烦恼是将生活和工作混为一谈，这会让我们感到痛苦或麻木。

整理生活的第二步，是有效地安排生活的任务。基本上每个人的生活都有几个重要部分：事业、家庭、情感、精神世界和个人成长、社交、生活事务以及健康。对于不同人生阶段的个体而言，这几个部分的排序是有所侧重的。让生活变得简单，就是要把这几个部分做合理的安排。对于个体而言，其能很好地确定哪些部分对于目前的阶段而言是最重要的，并把此项安排在最重要的位置，然后进行取舍。我们都希望鱼与熊掌兼得，但现实生活中我们却往往面临的是两害相权取其轻的现状。1981 年，乔治·多兰在《管理评论》上提出 SMART 生活目标法，也就是制定具体的（specific）、可衡量的（measurable）、可达成的（attainable）、相关联的（relevant）、有时限的（time-bound）的生活目标。将这五个维度的指标与上述的生活的七个部分进行融合，就可以制定出具体时间内（一天、一周、一个月、三个月……）的事件时间安排表，然后行动起来，确保自己在规定的时间内完成任务，并且在完成之后进行目标的回顾与评估，从而整理出成功或失败的经验。

比如对于一名在校的大学生而言，他就可以对自己设定一个三个月的生活计划：

事业（学业）："我在三个月内要完成某项目的实习工作或完成某些学业考试，或者通过兼职打工积累经验。"

家庭："我每周要和父母通电话，加强和父母的联系，争取每两个月和父母见面或旅行。"

情感："如果遇到喜欢的人，可以尝试一段恋情。关键是看到感情中美好的事物。"

精神世界和个人成长："每周读一本书，每个月参观当地的博物馆、美术馆，或者听一场音乐会。每天花五分钟来反思自己身边发生的一切，感谢生活中一切美好的事物。"

社交："努力和我欣赏的人成为朋友，找到自己的兴趣或喜欢做的事情，每周花一些时间训练和体验，比如画画之类。"

生活事务："控制自己的购物行为并合理规划自己的生活费。"

健康："每周三次运动或者散步。"

这样的计划并不见得真的都能做到，因为生活中的变化也是让人猝不及防的，但大体上我们尽量努力去做，特别是尝试做自己热爱的事情、尽情享受当下、学会倾听和用心说话、少一些抱怨多一些自我接纳与肯定、选择放下过往的痛苦与不甘、留意身边的小美好和小感动，我们会发现生活真的在慢慢变好。

我们不要将这一切看成必须要完成的目标，而是看成生活美好的奋斗与享受。特别是目标完成之后，我们还可以给自己一个美好的奖励，比如喝茶、

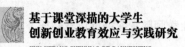

读书；或者与喜欢的人一起散步。

整理生活的最后一步就是简化我们的生活。比如简化我们的生活环境，现在称之为要极简生活——把一些不必要用的，或者说永远不用的东西做整理；简化我们的娱乐，特别是我们的电子产品，删除一些冗繁的文件、图片或应用程序……，我们会发现，不盯着手机或电脑，我们能做很多其他有意义的事情。生活的简化可以从细节出发，我们可以安排自己的时间表，确认哪些是优先要解决的问题，做一些自己热爱的事情并一直认真坚持下去。

课堂小记

在说到团队管理时，我参考了一个经典案例，类似于要班上的团队讨论：如果团队去了三亚，在有限的经费支持下，怎么度过一个月？

讨论之后的答案看似五花八门，但基本上大学生的务实一览无遗。多数团队觉得应该靠打工、搬砖和流浪来挺过一个月。我明显可以看出，现在的大学生在表达能力方面及精神面貌方面还是有特点的，他们倾向于说差不多语境体系的话语，语言极少有文学色彩，也没有太多表达时的激情飞扬。

其中一个团队的答案更是让我看到了一个时代的价值观。他们说："只规定了不能带钱，但没有说不能带物资。我们就每个人带一个值钱的物品，到三亚变卖，然后舒适地过完这一个月。"

我说不上哪里不对，但又觉得哪里有问题。

首先，这个案例的规则确实是"每个组只有 800 元的经费"，从经验上说，就是规定了团队所能支配的金额只能是 800 元。但因为规则没有确定得那么严谨，就导致有心者会钻空子。

而钻空子的人反而会为自己的小聪明沾沾自喜，这时候规则的制定者对这个后果的态度就成为关键。态度本来就是一种感性的、情景性的变量因素，这时候我们却要求规则制定者是理性的、不带感情的，而这是难以做到的。

另外，现在年轻人的价值观也可见一斑。从 20 世纪八九十年代的天之骄子到现在大学扩招之后大学毕业生的屡创新高，先不说大学生是否还有学子的傲娇，我们要关注他们对生活的态度。近年的网络热词莫过于"内卷"和"躺平"，这代表着两种对竞争的态度。像这个案例中，年轻人不愿意在虚拟的场景中尝试竞争，他们更期望用一个讨巧的手段去享受人生。这也折射出社会上一部分年轻人的生活价值观。

这也导致很多人不太相信奋斗之后有彩虹。

虽然说这种答案的同学并不多，但是确实需要教育者警醒。

我曾经很欣赏一个网红教授，他辞职做了专职网红。他说这是他人生最重要的选择，不是为家人朋友，而是为自己而做的选择，快乐且自由。一个人无论做什么样的选择，不违背法律伦理道德，似乎都应该被接受。愉快地赚大钱并能更广泛地育人解惑，也是一件值得点赞的事情。

但他有一次发表了观点：教育是用来将人分层的，而非让孩子均衡发展的。然后他说："只不过我们很多人不承认这一点。"他列举了很多的事例和现象来佐证他的观点，无非就是教育的本质就是淘汰差的人，而之所以成为差的人就是因为环境，他只差没有说"出身决定论"了。

现象就一定代表事物的本质吗？

我很久之前看过一个这样的故事。一对孪生兄弟，哥哥成了成功的企业家，弟弟却屡屡犯事变成了阶下囚。记者采访弟弟时，弟弟痛苦地说："我出生在一个离异的家庭，我从小就目睹爸爸残暴地殴打妈妈，家里很穷，我只能偷鸡摸狗浑浑噩噩，现在才有了这样的结局。一切都源于我可怕的原生家庭。"记者问哥哥为什么成功时，哥哥说："我确实出生在一个不幸的家庭，贫穷、家暴、无休止的争吵……我很小就告诉自己，我只能靠自己，只有自己努力才能得到幸福。"

同样的家庭环境，造就了截然不同的人生。

如果说教育的本质就是分层，而且我们每一个人，包括从事教育工作的人也认定了这个本质，那么这是不是一个时代的悲哀呢？在这样的教育基调下，家长怎么会不产生极重的教育焦虑呢？教育机构怎么会不产出大量的催化焦虑的课程呢？学生怎么会不变成不断逐利的精致利己主义者呢？

我最近读了林清玄的一段话，深以为然："成为专家的第一步，应该有基本的判断、有是非之观、明义利之辨、有善恶之分……凭直觉就知道为与不为，这才可以说是进入知识分子的第一步。"

关于思维的练习

做创新创业教育的老师，其实很难。

其需要了解、理解并内化的东西太多。有一次，一个年轻的哲学博士很严肃地跟我说："你要多看书。"

当时的我听了不过莞尔，毕竟他比我小了好几岁。我以为我没有放在心上，可是时间长了，我竟经常想到那个场景以及他的那句话。渐渐地，我变得羞愧，才知道"吾日三省吾身"并不只是说说而已。

于是，我经常跑学校的图书馆，从无知变成半知。我也知道从事创新创业教育肯定不能光凭一腔热血埋头苦干，要多看、多做、多说、多想，一步一个脚印。

于是，我开了一门选修课，带着学生一起实践。

我在课堂上带领学生认真地做创意练习。比如随机的词汇归类。我们非常随机地选出五个词汇，请学生选出一个自认为不属于同类的词汇，并说出自己的理由。有的学生是根据词义或词语的功能分类，然后就有了以下有趣的答案：

选出一个词，因为笔画最多或最少。

选出一个词，因为字体的结构和另外四个不一致。

选出一个词，单纯因为觉得这个词不够美或这个词实在太美。

选出一个词，因为这个词在平时生活中用得最少或最多。

思维的激荡在教室里迸发出笑声和掌声。

接下来就更有趣了。我们随机选出六个词汇，让学生进行词语归类，组成三组并说出依据。

学生的归类五花八门，归类的依据各有不同。在归类的过程中，学生有很多创意。

例如，学生把"棒棒糖"和"网络游戏"归为一类，因为这些都让人快乐。有一个女生说："现在很多女孩喜欢网络游戏，如果能在一个棒棒糖世界里面打游戏也是不错的哦。"还有一个喜欢烘焙的男生在思考要不要做一个棒棒糖面包出来。

对词汇进行归类搭配和联想，是为了让所有参与者逐渐对价值、模式、功能等有一个初步的印象。

我设置了一个关于创业流程的词汇组合。例如，我们随机选出两个词——"码头"和"小屋"，请学生将两个词组合，创造出新的商业价值，并说明新的商业项目的运作模式及如何获利。在这个环节，我先让学生闭上眼睛进行冥想，让他们想象一个码头的场景和小屋的样子。我建议学生尽量拿起笔在纸上写出自己的想法，写好之后拍照上传到学习平台上。

然后我就看到了学生对生活的想象。有的学生说码头是繁忙的，很多码头工人在忙碌地工作，白天的重负荷劳动后，就需要晚上的放松。于是，将小屋改造成一个酒吧，给每个码头工人卸下一天的疲惫。

有的学生想象码头是宁静的渔村码头，落日夕阳把海面染成了一片红色。都市人都喜欢那样的地方，就把小屋改装成一个朴素的民宿，让都市人钓钓鱼、吹吹风，享受最简单的海边度假。

有的学生说自己小时候有当海员的梦想。码头应该总是有海员生活，小屋就做一个海员幸福之家。小屋里有着各种现代化设施，让海员在里面享受家的温暖。

当然，也有学生恶作剧，说要在码头的小屋设立保护费收取站。"找几个凶恶的工作人员收保护费，然后建立我的'码头帝国'。"

接下来，我觉得有必要让他们在想象的世界里落地。于是，我认真地和他们一起了解了营销理论中的4P理论——产品、价格、渠道和促销。

然后我问他们："请问你们刚才的练习里有涉及这些因素吗？现在把这些添加进去吧！"

课堂上，有天马行空的想象，也要有较为实在的计划。

不到20分钟，学生们就把自己的理解的4P放入了练习中。从那一刻开始，他们才发现做企业并不能只靠想象，原来要思考的环节有这么多。那个设想收保护费的学生无从下笔了，收保护费提供什么样的产品才好呢？

练习做到这里，是不是该结束了呢？还不够，这些都还是纸上谈兵。

于是，我带着学生们走出教室，来到校园，走到了校园里的几个熟悉的店铺。这些店铺他们都去过，甚至还是老客户。

"老师，你想请我们喝咖啡吗？"一个学生在一家咖啡厅前开玩笑说。

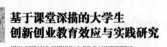

"比喝咖啡要有价值多了。请你们认真观察这家店的装修设计、产品、价格，还有服务员的服务方式，运用你们所学的专业知识，看看什么地方有特色，什么地方需要改进？"我发出指令，然后回到教室等他们，期待他们给我交出满意的答卷。

逆向思维

逆向思维是指从事物的反面去思考问题。我们通常的思维是了解问题是什么、问题为什么会产生、按照问题的发展规律去解决问题。但逆向思维却是不去对问题追本溯源，而是直接用一种方法解决问题。

例如，美国的耶鲁大学有一门公开课非常受欢迎，是谢利·卡根教授的"哲学死亡"课，这门课也受到了我国许多年轻人的喜爱。人往往都是忌讳谈论死亡的，但谢利·卡根教授却认为死亡并不一定是一件坏事情，长生不死也不见得是好事情，他用逆向思维看待人生，去思考死亡和生命的真相。据说一位身患绝症的大学生选修了谢利·卡根教授的这门课程，获得了很多启发。虽然该学生最后还是离开了人世，但他完成了自己人生的使命，从容地离开了世界。

逆向思维可以帮助我们快速抓住问题的关键，从而解决用常规思路难以解决的问题。

熊本熊是大家都知道的网络卡通形象，因为其憨厚可爱的形象，被大量网友作为表情包。熊本熊为什么传播范围这么广呢？跟它能被免费使用有很大的关系。其背后的创作源于日本的熊本县。当年熊本县想向世界打出自己的名片，却发现其没有太多的特色让外界记住它。怎么办呢？常规的思路就是加大宣传力度，但熊本县却运用了逆向思维——与其花大力气去宣传自己，不如让别人主动来找自己。于是，熊本县设计了一个吉祥物并命名为熊本熊，并将这个吉祥物推向网络。任何机构或个人都可以免费使用熊本熊做合理合法的商业活动，只要事先在熊本县的网站上递交一个免费申请就可以了。就这样，因为熊本熊，很多人知道了熊本县。

那么，要如何训练我们大多数人并不擅长的逆向思维呢？就像管理大师德鲁克所说，当一个决议在会议上没有遇到任何异议全票通过，那就要考虑这个决议可能不是一个好的决议。这个观点和现代逆向思考理论的创始人汉弗莱·尼尔所认为的"当所有人都想得一样时，可能每一个人都错了"有异曲同工之妙。

保持对一切事物的推敲和反思是进行逆向思维训练的第一步，也就是不走寻常路，或者在很多时候多问自己几个"为什么"或"为什么不"。做到这一点是很不容易的。在我们日常生活中，很多人倾向于和别人观点相同，这样才能在人际沟通时省去麻烦，做到与众不同是需要莫大的勇气的。值得注意的是，逆向思维不是让人故意违背常理，偷换概念，不受限制地胡思乱想，而是让人注意一些之前容易忽略的细节，打破原有的思维定式，从而解决问题。这种方法常常能使问题获得创造性解决。关于逆向思维的训练方法有很多。比较适用于课堂上训练的方法主要有以下几种：结构逆向、功能逆向、状态逆向、原理逆向、序位逆向、方法逆向。例如，苏联的科学家运用逆向思维，让破冰船在冰面上向下压冰变为潜入水下然后破冰。

在课堂上对学生进行逆向思维的培训是相当有趣的。例如，我运用的圆珠笔案例。在课堂上，我向学生科普圆珠笔的书写原理——笔头钢珠的滚动带出笔管中的油墨从而达到书写的目的。但是，钢珠在来回滚动的过程中，因为摩擦力等原因会脱落，笔管中的油墨则会直接撒到正在书写的纸上。这个案例描述后，我会问学生如何用逆向思维来解决这个问题。学生的回答大多还是遵循常规的思维，大部分回答是滚珠上的改进、写字纸张的改进，或者干脆不用圆珠笔之类。日本人中田藤三郎分析了圆珠笔的结构及出毛病的原因，也研究了许多人对改进漏油问题的失败，最后采取了逆向思维法，获得了防止圆珠笔漏油的成功。中田藤三郎的做法是在笔管上做文章。他通过反复试验，统计当圆珠笔写到多少字后就漏油。在掌握这个数据的基础上，他着手把笔管的装油量减少，当圆珠笔开始漏油时，笔管中的墨油差不多用完了，这样再也无油可漏了。就这样，中田藤三郎巧妙地解决了漏油问题。可见，运用逆向思维之前，我们应该先了解真正的问题出在哪里，然后再反向操作。

逆向思维更多可以运用于日常生活和管理工作中。比如法国曾经想推行一种高质量的土豆给法国的农民种植，为此政府大力宣传并派专员上门推广，但是农民并不感冒，这款土豆被冷落。后来有人就想到了用逆向思维的方式来推广。不久有人就发现在种植了某种土豆的试验田边有重装的哨兵把守。周围的农民很好奇，他们判断重兵把守的试验田地里的土豆肯定很珍贵。于是，农民们对这种土豆充满好奇，并悄悄把土豆偷回家自己栽种。当然效果很好，新土豆被成功推广了。

在生活和工作中，逆向思维的运用更多是对人的认知、心理、行为习惯的洞察，抓住特点反向行之。值得注意的是，并不是所有的逆向思维都能达到目的，毕竟人性的特点就是富于变化的。比如我向学生布置一个比较难以完成的任务时，学生的反应一般是抗拒，他们会嘟囔着说太难了。这时候怎么办呢？那就是布置一个更难的任务，然后让他们二选一，一般他们就比较乐意接受前面的任务了。这个方法我曾屡试不爽，直到有一天有个学生对我说："小孩子才做选择题。这两个任务我都不想选。"他用逆向思维找到了破解方法。

双创教师在课堂上适当结合经典案例进行训练也是一个不错的选择。比如经典悖论故事——普罗塔戈拉悖论。一个有名气的律师普罗塔戈拉收了一个很有才气但是贫穷的学生，他答应学生先只收一半的学费，等弟子赢了第一场官司后就收取另一半的学费。有意思的是，弟子完成学业后迟迟不跟人打官司。普罗塔戈拉等得不耐烦了，直接告了弟子要求弟子马上支付学费。结果弟子说："如果我打赢了这场官司，根据法官的判决，我不必付学费。如果我输了这场官司，那么我还没有打赢头场官司，我也不必付学费。可见，无论这场官司我是输还是赢，我都不必付学费。"这是一个左右为难的问题，我们不在课堂上讨论悖论的问题，我只提问："如果学生是法官，能不能用逆向思维解决这个问题？"

当然可以！法官可以判弟子胜诉，也就是他不需要支付学费，因为他还没有打赢头场官司。等这个官司一了结，弟子就欠普罗塔戈拉的债了，因此普罗塔戈拉应马上再告弟子一次。这次法官就该判普罗塔戈拉胜诉了，因为弟子如今已经打赢过头场官司了。

进行逆向思维的教学，学生的配合度和专注度都非常高。学生运用好逆向思维的智慧，能突破思维的局限，能创造可观的经济收入，能对发明创造起到关键作用，还能很好地转换视角调节心情。教师需要在这个过程中提醒学生不能为了利益而滥用逆向思维。毕竟逆向思维是为了让我们思考更好地解决问题的方法。

创业人生与思政教育

　　课程思政是在教育的过程输入人的价值与力量。创新创业教育课程最害怕落入商业俗套，给学生营造一种教人如何开公司或赚大钱的氛围。如何定义创业呢？广义的创业就是开创一番有价值的事业。伟大的创业者绝对不将创业定义为开公司或赚大钱，而是实现远大的理想和抱负。

　　本科一年级的学生对愿景这个词有着模糊的定义，他们用网络语言来描述"讲愿景"就是"画大饼"。我说："'讲愿景'不同于'画大饼'，愿景是根植于内心的信仰和理念的，更是只要团队成员一起努力就有可能实现的。"

　　我和学生分享了一个故事——我的外公的故事。讲故事前课堂有些热闹，毕竟是100多人的大课堂，让我没有想到的是，讲述开始短短几分钟后，课堂变得很安静。

　　我的外公是中共党员，中华人民共和国成立前，他带着妻子从长沙来到了一个县城，在某地下根据地工作。因为外公去世得很早，他的故事都是从他的儿女的记忆中所得，某些地方可能有出入，但大部分细节是真实而动人的。

　　外公没有接受过现代教育，但作为中共党员的他有着崇高的理想信念。做敌后宣传工作时，他不断告诉身边人，等共产主义事业成功后，大家的生活将富足而美好。当时少有人相信他，毕竟大家连口粮都成问题。外公一直是坚信的，哪怕之后经历种种运动，他也始终保持对党的忠诚与信念。

　　"现在，我们的生活变得很美好，不过我的外公却没有等到这一天。虽然他没有看见，但他始终坚信，坚信共产主义事业会成功，更坚信我们的生活一定更美好，这就是信仰的力量。"课堂上，我的声音略有哽咽。

　　这个故事并不是我在备课时准备的素材，它是我们家一直传承的故事。故事中的主人公可能不是一个好丈夫，不是一个好父亲，因为他确实没能给家人足够的陪伴。但他是一名优秀的共产党人，是一个好的创业团队中的一员。当把一名平凡而普通的共产党员的信仰的故事放到高校创新创业课堂中讲述时，我也没有预想过它的效果——课堂里的学生没有几个低头玩手机的，他们都在抬头看着我，眼神里多了其他的内容。在这一刻，我相信我和大多数学生共情了。学生在某种程度上能体会到教师的感知，更能理解教师的感受和行为。

从课堂回到办公室后，我回顾教学的过程，特别是这个案例故事环节，我也发现了自己的不足。在这个故事的讲述过程中，故事太短，互动性不够，虽然有情感的共鸣，但缺乏故事的支撑和能力的锻造。于是，我决定去寻找更多"佐证材料"，重新解构故事，并尝试让学生进行故事的叙事从而实现学生和教师的对话。

以下是关于我外公完整的故事：

共产党人的远大理想，就是建立一个没有压迫、没有剥削、人人平等、人人自由的理想社会。对于共产党人而言，革命理想大于天，走过千山万水，仍怀赤子之心。我的外公就是典型的共产党人。

外公的名字很普通，能牢牢记住他名字的人，或许只有他的儿女了，至于孙子女辈，已经渐渐忘记了他的名字。他曾经和其他人一样，是出生于长沙的普通人家的平凡人，在年轻的时候听取父母之命娶了一个娴静的妻子。看到自己的祖国被列强掠夺后的满目疮痍，外公毅然决定加入中国共产党，负责某一个县的宣传工作。当时外公带着一家人从长沙搬到了人生地不熟的县城，从此他没有将心思放在这个有着数口子女的家庭，他说革命事业更需要他。我很想了解那个时候外公究竟做了什么事业，但很可惜的是因为工作的保密性质加上他常年风餐露宿，他的子女没有办法了解到他工作的具体事项。唯一知道的是外公晚年患有的肺部疾病就是因为他在执行任务时曾被某个反动派发现，反动派用秤砣砸向外公的后背，外公因为躲闪不及口吐鲜血，病根也就此种下。外公还不到60岁时，上级派他赴平江县任县长一职，他却心有余而力不足，之前的辛劳耗尽了他所有的精力，最后他只能在医院里度过人生最后的岁月。尽管如此，他在去世之前仍然执意坐上轮椅回到他一直从事革命工作的乡村，在当年杂草丛生的田地里，他用最大的声音告诉他的长女："这里一定会修路，只有修路，才能得到发展。"大姨妈告诉我，外公当年说修路的地方现在已经是连接县城和省城的道路枢纽，外公具备惊人的预见能力。

其实外公和外婆是恩爱的，他们一共生育了 8 个孩子，但前面两个孩子都在年幼时夭折。那个年代的孩子夭折不会像现在这么让人难过，或者是那时候的人见惯生死了吧。外公没有时间悲伤，他把自己的生命都献给了共产主义事业，家中的一切事务都丢给了外婆。外公那个时候没有工资，家中的一切开支源于家人农务，幸亏外公的哥哥没有提出分家，这才支持了外公的事业。可见，外公的背后还站着很多默默支持他的普通人。

创新创业课堂上的课程思政不仅是故事的讲述，更是学生对故事的解构和创造。接下来，我要思考的是如何将这样的故事素材设计成为创新创业能力提升的课堂任务，在激发学生的好奇心、求知欲时，让他们的爱国热情产生共鸣，达到潜移默化的育人效果。

关于路演练习环节的深描

小组的路演环节是学生印象最为深刻的课堂教学环节。路演练习分为小组组员的上台展示、路演者的路演、提问和回答、投票以及分享环节。整个路演过程由学生自主完成，由学生担任主持人，做好控场和时间安排；由学生做记分员，记录好每一个组最后的得分；由学生充当评委，对每一个路演项目进行提问和提出建议。

因为很多学生没有上台路演的经历，所以他们往往笨拙而真诚。我要求每一次路演的时间是五分钟，于是就有了学生前一秒还在兴致勃勃地做演讲，后一秒主持人就打断他让他结束讲话。

"老师，请再给我半分钟，我一定讲完！"这句话是学生经常说的一句话。他们对时间的预判并不太准确。关键是他们缺乏前期的排练和准备。这不仅从他们路演的时间控制可以观察出来，也可以从他们制作的路演 PPT 看出来。他们往往能找到最新的 PPT 模板，但是却不知道或者说不用心地制作他们项目的 PPT。当然，他们的创意项目或创业项目，虽然有一定的前瞻性，但因为专业限制或者说能力限制，基本上无法真正落地。我们的课堂教学更多地激发他们的双创意识和热情，因此会忽略其项目具体的实现环节。

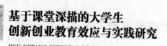
  我认真观摩这些参与其中学生的表现，发现他们的观察能力很强。在项目的选择过程中，他们关注于同龄人的衣食住行问题、敏锐地看到老年人的状态和未来、关心解决现代人精神层面或某些少数弱势群体的问题。在路演的过程中，他们用一些较为幽默又得体的语言引发大家的共鸣。最有意思的一点就是，这些学生明显没有那么紧张和害怕，他们较为享受舞台，喜欢相互分享。但是大多数学生因为没有太多的上台经验，往往还是一句一句地跟读 PPT 的内容。往往在这个时刻，台下的观众就无法认真倾听，他们就会不自觉地拿起手机或交头接耳。

  最热闹的环节是提问和回答环节。因为课程设置的原因，学生都喜欢举手提问，他们的问题往往围绕以下几个方面：项目的特色和受益人群、项目的成本控制、项目的定位等。这些问题并不刁钻，并能引起回答者的兴趣，一问一答之间往往能激发更多的创意和点子，也能引发很多观众的掌声。当然也有些问题是路演者回答不出来的，但是问题的提出不是为了驳倒对方，而是让对方的项目变得更好。

  所有小组的路演答辩之后就是投票。以往的投票环节很多小组的组长会跑到讲台上宣讲，恳请大家投票，几乎是一个接着一个上台拉票。但是近两年，这种拉票形式也发生了改变。几乎所有人都放弃了上讲台拉票，他们都擅长在微信里用表情包拉票，看似紧张严肃的投票气氛就慢慢在丰富多样的表情包中消解。当然，学生的投票基本上是较为公正公平的，得票数较高的小组往往都是准备充足、表现较好的小组。当我邀请那些得票数很高的小组组长上台发言时，他们激动欣喜，发言内容虽然没有事前准备，却发自内心。

  "我都没想到我们会是第一！"这是他们通常的感叹。"我还是要感谢我们的团队，如果没有他们的分工明确、协作配合和相互鼓励，我们是做不了这么好的。"这些发言的内容几乎相似，大学生在团队中的成长很难量化，但是效果很好。我还发现，在这堂课下课之后，有一些小组会留下来拍个合影，学生们脸上洋溢着青春的笑容，真好！

参考文献

安东尼·吉登斯，2003. 社会学方法的新规则：一种对解释社会学的建设性批判［M］. 田佑中，译. 北京：社会科学文献出版社.

鲍道宏，2011. 现代教育理论：学校教育的原理和方法［M］. 上海：华东师范大学出版社.

董宝良，2015. 陶行知教育论著选［M］. 北京：人民教育出版社.

段辉琴，等，2022. 高校创新创业教育课程思政实践探索［J］北京联合大学学报（4）：54-59.

胡世港，张洪春，2020. 从教师职业精神的消解与重构看师生课堂冲突的化解［J］. 职业技术教育（2）：62-66.

季亚钦科，1985. 大学心理学［M］. 朱企儒，译. 北京：教育科学出版社.

蒋楠，庞辉，2022. 高校工商管理专业创新创业教育实践教学体系设计：评《理念·结构·功能：高校创新创业教育的组织变革》［J］. 中国教育学刊（7）：31.

李介，王雄雄，2006. 大学生逃课现象研究［J］. 中国青年研究（1）：77-80.

李永杰，2023. 高等教育"教学关怀"的国际研究进展及其启示［J］. 天津师范大学学报（社会科学版）（3）：79-86.

林崇德，2009. 创新人才与教育创新研究［M］. 北京：经济科学出版社.

刘嘉，2020. 多元教育评价助力创新人才培养 ［J］. 人民教育 （21）：22-29.

乔琦，2021. 身体在场思想游离：大学生隐性逃课问题研究 ［D］. 乌鲁木齐：新疆师范大学.

吴举宏，2020. 从经验到证据：教学研究的现代转型 ［J］. 教育理论与实践 （1）：61-64.

吴康宁，2013. 创新人才培养究竟需要什么样的大学探析 ［J］. 高等教育研究 （1）：11-15.

吴康宁，2017. 重新发现教师 ［M］. 南京：南京师范大学出版社.

辛晓玲，魏宏聚，2022. 新时代课堂教学秩序的重构 ［J］. 当代教育论坛 （6）：65-70.

熊菁，2019.XL 大学经管学院创新创业教育实践教学平台建设研究 ［D］. 昆明：昆明理工大学.

阎光才，2016. 关于教育中的实证与经验研究 ［J］. 中国高教研究 （1）：74-76.

YIN K，2018. Case study research and applications：design and methods ［M］. Sixth Edition. Los Angeles：SAGE.

约翰·杜威，2005. 我们怎样思维·经验与教育 ［M］. 姜文闵，译. 北京：人民教育出版社.

王本陆，2020. 两难决策的功利论逻辑 ［J］. 新教师 （6）：5-7.

张丽，何云峰，2015. 高校教师教学影响力弱化的释读与应对 ［J］. 黑龙江高教研究 （4）：76-79.

张琳，牛伟鹏，2023. 创新创业教育实践模式的探索与思考 ［J］. 河北开放大学学报 （3）：101-104.

赵勇，2023. 国际拔尖创新人才培养的新理念与新趋势 ［J］. 华东师范大学学报（教育科学版）（5）：1-15.

马克思，恩格斯，1995. 马克思恩格斯选集：第 2 卷 ［M］. 中共中央马克思恩格斯列宁斯大林著作编译局，译. 北京：人民出版社.